交通运输科技丛书·公路基础设施建设与养护
交通运输重大科技创新成果库入库成果

|交通运输科技示范工程系列成果|

喀斯特石漠化地区高速公路绿色建造创新技术与应用
——贵州兴义环城高速公路实践

▶ 计中彦　董　翔　陈雪峰
　 曹子龙　邹　飞　等著

人民交通出版社股份有限公司
北京

内 容 提 要

本书针对贵州喀斯特石漠化地区高速公路建设存在的区域生态环境脆弱敏感、环境保护要求高、工程施工难度大、建设与运营能耗高等特点和难点，依托兴义环城高速公路建设工程，从绿色设计、绿色施工、绿色运营3个方面集中开展生态环保、节能低碳、高效施工、安全耐久等领域17项技术的研发和示范应用，为我国有效提升公路绿色建造水平、促进公路绿色创新发展提供借鉴。

本书可供各级交通运输主管部门及公路建设相关部门决策管理者、研究学者和有关从业人员参考使用。

图书在版编目（CIP）数据

喀斯特石漠化地区高速公路绿色建造创新技术与应用：贵州兴义环城高速公路实践 / 计中彦等著. — 北京：人民交通出版社股份有限公司，2023.10
 ISBN 978-7-114-18642-4

Ⅰ.①贵… Ⅱ.①计… Ⅲ.①喀斯特地区—沙漠化—道路建设—研究—贵州 Ⅳ.①U421

中国国家版本馆 CIP 数据核字（2023）第 034439 号

Kasite Shimohua Diqu Gaosu Gonglu Lüse Jianzao Chuangxin Jishu yu Yingyong
——Guizhou Xingyi Huancheng Gaosu Gonglu Shijian

书　　名	喀斯特石漠化地区高速公路绿色建造创新技术与应用 ——贵州兴义环城高速公路实践
著 作 者	计中彦　董　翔　陈雪峰　曹子龙　邹　飞　等
责任编辑	周　宇　周佳楠　师静圆
责任校对	赵媛媛
责任印制	张　凯
出版发行	人民交通出版社股份有限公司
地　　址	（100011）北京市朝阳区安定门外外馆斜街3号
网　　址	http://www.ccpcl.com.cn
销售电话	（010）59757973
总 经 销	人民交通出版社股份有限公司发行部
经　　销	各地新华书店
印　　刷	北京市密东印刷有限公司
开　　本	787×1092　1/16
印　　张	15.5
字　　数	247千
版　　次	2023年10月　第1版
印　　次	2023年10月　第1次印刷
书　　号	ISBN 978-7-114-18642-4
定　　价	100.00元

（有印刷、装订质量问题的图书，由本公司负责调换）

交通运输科技丛书
编审委员会
（委员排名不分先后）

顾　　问：王志清　汪　洋　姜明宝　李天碧

主　　任：庞　松

副 主 任：洪晓枫　林　强

委　　员：石宝林　张劲泉　赵之忠　关昌余　张华庆

　　　　　郑健龙　沙爱民　唐伯明　孙玉清　费维军

　　　　　王　炜　孙立军　蒋树屏　韩　敏　张喜刚

　　　　　吴　澎　刘怀汉　汪双杰　廖朝华　金　凌

　　　　　李爱民　曹　迪　田俊峰　苏权科　严云福

本书编写组

组　　长：计中彦

副组长：董　翔　　张胜林　　陈雪峰　　曹子龙　　戴德江
　　　　邹　飞　　宋　刚

成　员：刘　政　　陈书雪　　张学民　　胡　涛　　冯守中
　　　　许红胜　　张晓龙　　吴　辽　　杨　俊　　杨志峰
　　　　周　娟　　祝志恒　　郭　杰　　袁　立　　方　海
　　　　李忠奎　　卢　捷　　詹超宇　　汤　怀　　陈　进
　　　　郭鸿杰　　张道华　　杨　毅　　尚文豪　　王镜月
　　　　周英菊　　陈　耘　　陶铁军　　廖万辉　　安　航
　　　　吴哨兵　　刘骁凡　　赵孝学　　刑海波　　余梅群
　　　　张　毅　　林　俊　　刘安吉　　谭子书　　曾　强
　　　　倪小燕　　杨　宏　　毕清华　　梅世伦　　冯木均
　　　　翁学新　　胡　浪　　张　龙　　韩　胜　　凤振华
　　　　李吉波　　姜潮伟　　姚　毅　　段武兵　　张　飞
　　　　王树辉　　周后友　　杨　旭　　王荣有　　刘凡夫
　　　　张海颖　　王　双　　王婉佼　　王雪成　　周亚林
　　　　喻　洁　　严义斌　　苏田田　　王宝春　　马武昌
　　　　刘　畅

总 序

科技是国家强盛之基,创新是民族进步之魂。中华民族正处在全面建成小康社会的决胜阶段,比以往任何时候都更加需要强大的科技创新力量。党的十八大以来,以习近平同志为核心的党中央做出了实施创新驱动发展战略的重大部署。党的十八届五中全会提出必须牢固树立并切实贯彻创新、协调、绿色、开放、共享的发展理念,进一步发挥科技创新在全面创新中的引领作用。在最近召开的全国科技创新大会上,习近平总书记指出要在我国发展新的历史起点上,把科技创新摆在更加重要的位置,吹响了建设世界科技强国的号角。大会强调,实现"两个一百年"奋斗目标,实现中华民族伟大复兴的中国梦,必须坚持走中国特色自主创新道路,面向世界科技前沿、面向经济主战场、面向国家重大需求。这是党中央综合分析国内外大势、立足我国发展全局提出的重大战略目标和战略部署,为加快推进我国科技创新指明了战略方向。

科技创新为我国交通运输事业发展提供了不竭的动力。交通运输部党组坚决贯彻落实中央战略部署,将科技创新摆在交通运输现代化建设全局的突出位置,坚持面向需求、面向世界、面向未来,把智慧交通建设作为主战场,深入实施创新驱动发展战略,以科技创新引领交通运输的全面创新。通过全行业广大科研工作者长期不懈的努力,交通运输科技创新取得了重大进展与突出成效,在黄金水道能力提升、跨海集群工程建设、沥青路面新材料、智能化水面溢油处置、饱和潜水成套技术等方面取得了一系列具有国际领先水平的重大成果，培养了一批高素质的科技创新人才，支撑了行业持续快速发展。同时，通过科技示范工程、科技成果推广计划、专项行动计划、科技成果推广目录等，推广应用了千余项科研成果，有力促进了科研向现实生产力转化。组织出版"交通运输建设科技丛书"，是推进科技成果公开、加强科技成果推广应用的一项重要举措。"十二五"期间，该丛书共出版72册，全部列入"十二五"国家重点图书出版规划项目，其中12册获得国家出版基金支持，6册获中华优秀出版物奖图书提名奖，行业影响力和社会知名度不断扩大，逐渐成为交通运输高端学术交流和科技成果公开的重要平台。

"十三五"时期，交通运输改革发展任务更加艰巨繁重，政策制定、基础设施建设、运输管理等领域更加迫切需要科技创新提供有力支撑。为适应形势变化的需要，在以往工作的基础上，我们将组织出版"交通运输科技丛书"，其覆盖内容由建设技术扩展到交通运输科学技术各领域，汇集交通运输行业高水平的学术专著，及时集中展示交通运输重大科技成果，将对提升交通运输决策管理水平、促进高层次学术交流、技术传播和专业人才培养发挥积极作用。

当前，全党全国各族人民正在为全面建成小康社会、实现中华民族伟大复兴的中国梦而团结奋斗。交通运输肩负着经济社会发展先行官的政治使命和重大任务，并力争在第二个百年目标实现之前建成世界交通强国，我们迫切需要以科技创新推动转型升级。创新的事业呼唤创新的人才。希望广大科技工作者牢牢抓住科技创新的重要历史机遇，紧密结合交通运输发展的中心任务，锐意进取、锐意创新，以科技创新的丰硕成果为建设综合交通、智慧交通、绿色交通、平安交通贡献新的更大的力量！

2016年6月24日

前 言

绿色建造是生态文明和绿色发展理念在公路建设领域的集中体现，其本质就是最大限度地降低能源消耗、减少污染排放、保护生态环境，实现最小程度的破坏和最大程度的保护。贵州省作为我国长江和珠江上游重要生态屏障区，又具有典型喀斯特山区地貌，生态环境敏感脆弱，区域内的公路建设必须坚持走绿色发展之路。

本书是2021年交通运输部办公厅批复立项实施的交通运输科技示范工程"贵州喀斯特石漠化地区绿色建造科技示范工程"主要成果之一。本书针对贵州喀斯特石漠化地区高速公路建设存在的区域生态环境脆弱敏感、环境保护要求高、工程施工难度大、建设与运营能耗高等特点和难点，依托贵州兴义环城高速公路建设工程，从绿色设计、绿色施工、绿色运营3个方面集中开展生态环保、节能低碳、高效施工、安全耐久等领域17项技术的研发和示范应用，旨在全面提升贵州省乃至全国高速公路绿色建造水平，形成一套可复制、可推广的喀斯特石漠化地区高速公路绿色建造技术成果及实施经验，支撑交通强国建设，服务喀斯特石漠化地区生态保护和高质量发展。

本书内容共分为4篇19章。第1篇阐述了依托工程概况及工程技术特点，概述了科技示范工程实施背景、技术框架、总体目标、主要内容、组织方式、建设成效与推广经验。第2篇至第4篇为绿色设计、绿色施工、绿色运营，分别从技术背景、技术概要、示范工程应用和效益评价等方面，详细阐述了绿色设计理念、景观仿真技术、块片石自密实混凝土施工技术、粗填料高路堤强夯控制技术、石漠化高陡岩质边坡植被恢复及三联生态防护技术、高桩承台基础施工技术、特大桥索塔预应力混凝土横梁预制装配化技术、隧道零开挖进出洞技术、分岔隧道连拱段独立双洞法修筑技术、隧道超欠挖数字化控制技术、喀斯特岩溶隧道突水突泥防治技术、煤系地层瓦斯隧道安全设计及施工技术、隧道预制装配式仰拱结构快速施工技术、高速公路施工期信息化管控技术、路基边坡风险管控技术、滴灌自动化控制技术、隧道新型节能光环境及控制技术等绿色建造关键技术成果。各项技术以解决贵州喀斯特石漠化地区高速公路绿色建造存在的难点与问题为导向，注重技术创新，取得了丰硕成果，展现了极为显著的示范效果。

本书由计中彦负责总体设计、策划和组织，董翔、陈雪峰、曹子龙、邹飞等完成了本书相关章节的编写。本书是贵州省交通运输厅、贵州省公路工程集团有限公司、交通运输部科学研究院、中南大学等单位集体智慧的结晶，是贵州省交通运输厅及贵州省公路工程集团有限公司多个科技项目的重要成果，得到了贵州省交通运输厅的大力支持。在此，向各位专家和领导表示衷心的感谢！

鉴于能力和时间有限，书中难免存在不足或缺陷，恳请读者批评、指正！

作　者
2022 年 5 月

目 录

第 1 篇 概述

第 1 章 工程概述　003
- 1.1　工程概况　003
- 1.2　工程技术特点　003

第 2 章 科技示范工程概述　005
- 2.1　实施背景　005
- 2.2　总体技术框架　007
- 2.3　总体目标　008
- 2.4　主要内容　008
- 2.5　组织方式　010
- 2.6　建设成效与推广经验　011

第 2 篇 绿色设计

第 3 章 喀斯特石漠化山区高速公路绿色设计理念　017
- 3.1　统筹规划　017
- 3.2　统筹设计施工　018
- 3.3　绿色选线　019

第 4 章 喀斯特石漠化山区高速公路景观仿真技术　022
- 4.1　技术背景　022
- 4.2　技术概要　022
- 4.3　示范工程应用　023
- 4.4　效益评价　028

第 3 篇 绿色施工

第 5 章 块片石自密实混凝土施工技术　　031
- 5.1　技术背景　　031
- 5.2　技术概要　　032
- 5.3　示范工程应用　　033
- 5.4　效益评价　　033

第 6 章 高速公路粗填料高路堤强夯控制技术　　035
- 6.1　技术背景　　035
- 6.2　技术概要　　036
- 6.3　示范工程应用　　037
- 6.4　效益评价　　043

第 7 章 石漠化高陡岩质边坡植被恢复及三联生态防护技术　　044
- 7.1　技术背景　　044
- 7.2　技术概要　　045
- 7.3　示范工程应用　　048
- 7.4　效益评价　　056

第 8 章 喀斯特山区陡坡地段高桩承台施工技术　　057
- 8.1　技术背景　　057
- 8.2　技术概要　　060
- 8.3　示范工程应用　　060
- 8.4　效益评价　　073

第 9 章 特大桥索塔预应力混凝土横梁预制装配化技术 075

- 9.1 技术背景 075
- 9.2 技术概要 076
- 9.3 示范工程应用 077
- 9.4 效益评价 089

第 10 章 喀斯特石漠化山区隧道零开挖进出洞技术 091

- 10.1 技术背景 091
- 10.2 技术概要 092
- 10.3 示范工程应用 094
- 10.4 效益评价 099

第 11 章 高速公路分岔隧道连拱段独立双洞法修筑技术 100

- 11.1 技术背景 100
- 11.2 技术概要 101
- 11.3 示范工程应用 103
- 11.4 效益评价 104

第 12 章 隧道超欠挖数字化控制技术 105

- 12.1 技术背景 105
- 12.2 技术概要 106
- 12.3 示范工程应用 106
- 12.4 效益评价 114

第13章 喀斯特岩溶隧道突水突泥防治技术　　115

- 13.1 技术背景　　115
- 13.2 技术概要　　117
- 13.3 示范工程应用　　118
- 13.4 效益评价　　122

第14章 煤系地层瓦斯隧道安全设计及施工技术　　123

- 14.1 技术背景　　123
- 14.2 技术概要　　124
- 14.3 示范工程应用　　124
- 14.4 效益评价　　133

第15章 隧道预制装配式仰拱结构快速施工技术　　135

- 15.1 技术背景　　135
- 15.2 技术概要　　137
- 15.3 示范工程应用　　138
- 15.4 效益评价　　149

第16章 高速公路施工期信息化管控技术　　151

- 16.1 技术背景　　151
- 16.2 技术概要　　151
- 16.3 示范工程应用　　152
- 16.4 效益评价　　157

第 4 篇 绿色运营

第 17 章 喀斯特山区高速公路路基边坡风险管控技术 … 161
- 17.1 技术背景 … 161
- 17.2 技术概要 … 162
- 17.3 示范工程应用 … 163
- 17.4 效益评价 … 194

第 18 章 石漠化地区高速公路滴灌自动化控制技术 … 195
- 18.1 技术背景 … 195
- 18.2 技术概要 … 196
- 18.3 示范工程应用 … 205
- 18.4 效益评价 … 206

第 19 章 隧道新型节能光环境及控制技术 … 209
- 19.1 技术背景 … 209
- 19.2 技术概要 … 209
- 19.3 示范工程应用 … 213
- 19.4 效益评价 … 223

参考文献 … 224

第1篇 概 述

第1章　工　程　概　述

1.1　工程概况

贵州省黔西南布依族苗族自治州(简称"黔西南州")兴义环城高速公路是《贵州高速公路网规划(加密部分)》的重要组成部分,是"国际山地旅游城市"的环线工程。本工程位于贵州省黔西南州首府兴义市,路线起于义龙新区汕昆高速公路顶效东枢纽处,经楼纳、丰都、则戎、敬南、洒金、木贾,将现有的汕昆高速公路兴义西接地互通立交改扩建为T形枢纽,并作为路线终点。

兴义环城高速公路路线全长62.5km,桥隧比为55.85%,其中桥梁22748m/64座(特大桥4343m/4座),隧道12163m/26座;全线在磨盘山(枢纽)、楼纳、丰都、景峰、敬南、洒金、兴义西(枢纽落地)共设互通立交7处;全线新增收费站5处,改造1处(兴义西);设置服务区1处(楼纳)、停车区1处(万峰林),设洒金、敬南互通立交连接线2.780km。全线主要控制性工程为峰林特大桥,桥梁全长1164m。

兴义环城高速公路项目采用政府和社会资本合作(PPP)模式建设,概算批复金额为101.88亿元。项目于2019年1月开工建设,于2020年底建成通车。

1.2　工程技术特点

(1)地形复杂,线位布置难度大,线位走向高,桥隧比高。

本项目起终点所处区位地形复杂,有枢纽互通、兴西湖水库、马岭河景区、万峰湖景区、水源保护区、农业示范园、天下山水旅游景区、贵兴铁路,受城市规划、城市道路等因素影响,可供选择的地势较少,部分路段难以完全规避相关影响。全线桥隧比为56%;互通立交受主线线位走向高、城市规划限制等因素制约;工程规模大。

（2）地质病害多，建设条件复杂，技术难度大。

本项目处于云南山字形构造东翼及南岭复杂构造带西缘，地势西北高、东南低，山峦起伏、河流纵横，喀斯特地貌十分发育，岩溶、滑坡、崩塌、危岩体、软基、顺层边坡等不良地质较多，地质选线和地质灾害的预防和治理是本项目的关键。典型顺层边坡见图1-1，典型隧道溶洞见图1-2。

图1-1 顺层边坡

图1-2 隧道溶洞

（3）生态环境敏感，保护要求高。

本项目路线途经楼纳新村、马岭河景区、万峰湖景区、天下山水旅游景区、康养谷、高卡水源保护区、西峰林风景区、兴义国家地质公园等，作为"国际山地旅游城市"，对保护环境、恢复自然植被、掩盖人工和施工的痕迹等与自然环境协调的要求均较高。

第 2 章　科技示范工程概述

2.1　实施背景

贵州黔西南州兴义环城高速公路地处喀斯特地貌的核心部位，石漠化特征突出，沿线地质地貌复杂、环境敏感、生态保护要求高。本项科技示范工程以绿色建造为主题，聚焦贵州喀斯特石漠化地区环境特点，采用高速公路绿色设计、施工、运营全生命周期理念，坚持"低影响、少破坏、再利用"原则，集中开展节能低碳、高效施工、安全耐久、生态环保等领域技术研究与应用，形成一整套可复制、可推广的高速公路建设新技术成果及实施经验。突出特点如下。

（1）地质地貌特征鲜明，特色突出。

贵州省地处我国长江、珠江生态屏障区，又处于我国西南部连片喀斯特地貌的核心部位，被称为"中国的喀斯特省"。兴义环城高速公路是兴义打造"国际山地旅游城市"，建设"水、陆、空、铁"四位一体的立体综合大交通网络重要工程之一。项目地处西南喀斯特山区核心区域，是典型的山区高速公路建设工程。沿线地形地质条件复杂、石漠化分布广，生态环境脆弱敏感，途经著名的马岭河景区、万峰湖景区和兴义国家地质公园，在该区域进行公路建设，对生态环保和节能减排都提出更高的要求。

（2）需求与"绿色建造"理念契合度高。

兴义环城高速公路项目地质复杂、施工要求高，经过前期的科研需求分析，拟整体以绿色建造为主线开展科技示范工程。首先，路线线位生态敏感，对低碳环保的要求高。其次，所处地形复杂、地质灾害多，需要采用地质灾害监测等系列技术提升项目的安全耐久性能。此外，线位布设难度大，部分地段桥隧比例高；施工场地条件复杂，特大桥梁需要开展装配式施工的技术攻关。同时，项目互通受主线线位走向和城市规划等条件限制，对施工工期要求高。为此，兴义环城高速公路工程具有高效、低碳、生态、安全耐久的技术需求，拟结合绿色建造的系统理念开展相关科技示范，以解决喀斯特生态敏感地区公路建设中存在的品质高效、生态环保、路景融合等技术难题。

绿色建造是着眼于建筑全寿命周期，在保证质量和安全前提下，践行可持续发展理念，通过科学管理和技术进步，最大程度地节约资源和保护环境、实现绿色施工要求、生产绿色建筑产品，是新时代生态文明和绿色发展理念在公路建设领域的集中体现。近些年来我国交通运输行业非常重视工程建设中的资源能源节约和生态保护，并进行了大量的技术研究、现场试验和示范工程，总结了很多宝贵的经验和教训，对促进公路绿色发展起到了重要作用。但公路建设工程尤其是山区高速公路建设工程尚缺乏系统性的绿色建造技术推广应用案例，兴义环城高速公路科技示范工程的需求很好地契合了绿色建造理念。

（3）预期成果丰厚，示范意义突出。

在当前国家绿色发展理念及高质量发展、加快建设交通强国的新时代背景下，亟须在公路建设领域开展以绿色建造为主题的系统性科技研发与示范，以科技创新推动山区公路建设领域绿色发展。为落实国家绿色发展理念，充分发挥科技创新对交通强国建设的支撑作用，响应行业科技攻关需求，进一步提升兴义环城高速公路的建设品质和影响力，兴义环城高速公路制定了"绿色建造，科技兴环"的建设目标，决定开展以绿色建造为主题的基础性、前瞻性理论研究，前沿性应用基础研究及共性关键技术研发与工程示范。通过推广一批成熟的绿色建造技术，集成创新形成一批公路绿色建造理论与技术标准，研发并总结形成一套喀斯特石漠化地区高速公路绿色建造技术，将对完善我国喀斯特石漠化地区高速公路绿色建造技术体系、促进我国公路绿色建造理念与技术水平的提升具有重要意义。

项目沿线位于地质地貌复杂的喀斯特区域，施工中面临用地困难（桥梁大构件无预制场地）、项目所处区域生态环境敏感（要求建设过程有更高的生态保护措施）难题，同时又存在施工难度大与安全耐久等问题，以绿色建造为主题开展兴义环城高速公路科技示范工程，系统解决上述工程技术问题，对兴义环城高速公路的建设具有重大意义。

2.2 总体技术框架

本书所依托的科技示范工程从绿色设计、绿色施工、绿色运营3个方面共开展17项关键技术成果推广与研发,技术框架见图2-1,具体技术如下:

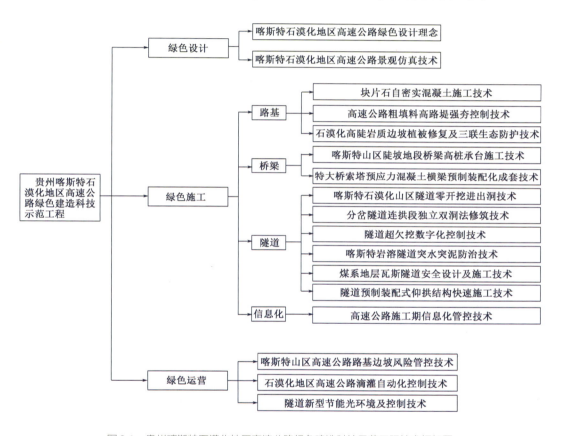

图2-1 贵州喀斯特石漠化地区高速公路绿色建造科技示范工程技术框架图

1)专题一:喀斯特石漠化地区高速公路绿色设计技术研究与应用

(1)喀斯特石漠化地区高速公路绿色设计理念。

(2)喀斯特石漠化地区高速公路景观仿真技术。

2)专题二:喀斯特石漠化地区高速公路绿色施工技术研究与应用

(1)块片石自密实混凝土施工技术。

(2)高速公路粗填料高路堤强夯控制技术。

(3)石漠化高陡岩质边坡植被恢复及三联生态防护技术。

(4)喀斯特山区陡坡地段桥梁高桩承台施工技术。

(5)特大桥索塔预应力混凝土横梁预制装配化成套技术。

(6)喀斯特石漠化山区隧道零开挖进出洞技术。

(7)分岔隧道连拱段独立双洞法修筑技术。

(8)隧道超欠挖数字化控制技术。

(9)喀斯特岩溶隧道突水突泥防治技术。

(10)煤系地层瓦斯隧道安全设计及施工技术。

(11)隧道预制装配式仰拱结构快速施工技术。

(12)高速公路施工期信息化管控技术。

3)专题三:喀斯特石漠化地区高速公路绿色运营技术研究与应用

(1)喀斯特山区高速公路路基边坡风险管控技术。

(2)石漠化地区高速公路滴灌自动化控制技术。

(3)隧道新型节能光环境及控制技术。

2.3 总体目标

以创建科技示范工程为基本目标,提出一整套针对喀斯特石漠化地区的高速公路"施工、处置、利用"绿色建造技术,通过对成熟技术大规模推广示范和对创新技术的进一步研发,形成一整套可复制、可推广的高速公路建设创新成果及实施经验,培养一批高素质的科技人才队伍,服务喀斯特石漠化地区交通基础设施建设高质量发展。

2.4 主要内容

1)开展喀斯特石漠化地区高速公路绿色设计技术研究与应用

开展喀斯特石漠化地区高速公路绿色设计理念、高速公路景观仿真技术研究与应用,建立三维数字实景模型,实现高速公路与路域环境的自然融合和景观协调。

2）开展喀斯特石漠化地区高速公路绿色施工技术研究与应用

开展喀斯特山区陡坡地段高桩承台施工、特大桥索塔预应力混凝土横梁预制装配化成套技术、喀斯特石漠化山区隧道零开挖进出洞、分岔隧道连拱段独立双洞法修筑、隧道预制装配式仰拱结构快速施工等技术研究与应用，减少施工对山体的破坏；开展石漠化高陡岩质边坡植被恢复及三联生态防护技术研究与应用，实现石漠化岩质边坡植被恢复与自然生态相协调；推广块片石自密实混凝土施工、粗填料高路堤强夯控制、隧道超欠挖数字化控制、煤系地层瓦斯隧道安全设计及施工、高速公路施工期信息化管控等技术，提升喀斯特石漠化地区高速公路施工生态环保水平；推广喀斯特岩溶隧道突水突泥防治技术，降低岩溶隧道施工对石漠化地区脆弱生态环境的破坏。

3）开展喀斯特石漠化地区高速公路绿色运营技术研究与应用

开展喀斯特山区路基边坡风险管控技术研究与应用，实现对喀斯特石漠化地区高速公路边坡风险的常态监控和对地质灾害的早期识别；开展石漠化地区滴灌自动化控制技术研究与应用，实现高速公路中央分隔带和服务区绿化养护的自动化和精准化；开展隧道新型节能光环境及控制技术研究与应用，实现山区高速公路运营期节能减排，提高管控效率。

本书所依托的科技示范工程示范技术类型见表2-1。

示范技术一览表 表2-1

示范领域	示范技术名称	示范技术类型
绿色设计	喀斯特石漠化地区高速公路绿色设计理念	攻关研发类
	喀斯特石漠化地区高速公路景观仿真技术	攻关研发类
绿色施工	块片石自密实混凝土施工技术	技术推广类
	高速公路粗填料高路堤强夯控制技术	技术推广类
	石漠化高陡岩质边坡植被恢复及三联生态防护技术	攻关研发类
	喀斯特山区陡坡地段高桩承台施工技术	攻关研发类
	特大桥索塔预应力混凝土横梁预制装配化成套技术	攻关研发类
	喀斯特石漠化山区隧道零开挖进出洞技术	技术推广类
	分岔隧道连拱段独立双洞法修筑技术	攻关研发类
	隧道超欠挖数字化控制技术	技术推广类
	喀斯特岩溶隧道突水突泥防治技术	技术推广类
	煤系地层瓦斯隧道安全设计及施工技术	技术推广类

续上表

示范领域	示范技术名称	示范技术类型
绿色施工	隧道预制装配式仰拱结构快速施工技术	攻关研发类
	高速公路施工期信息化管控技术	技术推广类
绿色运营	喀斯特山区高速公路路基边坡风险管控技术	攻关研发类
	石漠化地区高速公路滴灌自动化控制技术	攻关研发类
	隧道新型节能光环境及控制技术	攻关研发类

2.5 组织方式

本书所依托的科技示范工程由贵州省交通运输厅指导，贵州省公路工程集团有限公司主持，中南大学、交通运输部科学研究院等多家单位共同组成项目团队，参与科技研发与工程示范。科技研发技术均以项目方式与各个承担单位予以落实，重大问题各个参与单位协同攻关。参与单位共同组成项目组，整体技术力量雄厚，试验研究条件完善，可提供项目研究所需的充分人力和试验条件。

本科技示范工程需要由项目组、施工单位、科技研发单位、协助单位等多方面协作完成，并且科技研发及推广工作将与工程管理工作同时进行。各研发与推广工作所涉及的施工管理岗位需要对整个项目通盘情况有个较为详尽的了解与把控。项目组织上将以一线施工区域为核心范围，主要与协助单位进行紧密协作，提供相应便利，以便完成前期的数据采集、现场勘测部分工作以及数据处理与评估等相关工作。同时，外场作业与内场科研有机结合，完成整个课题的科技攻关。而科技研发单位将贯穿整个项目进行过程，为科技研发、协作办法以及平台构建提供理论支持、数据支持以及学术平台支持。

本项目团队曾经承担公路生态、绿色环保、绿色建造等相关领域的大量科研项目，取得了一批具有奠基性和开创性的重大科研成果，在交通运输行业得到了高度赞誉和广泛认可。

本书所依托的科技示范工程各技术推广与研发项目参与单位情况见表2-2。

科技示范工程参与单位情况一览表　　　　表 2-2

示范领域	示范技术名称	技术支持单位
绿色设计	喀斯特石漠化地区高速公路绿色设计理念	交通运输部科学研究院
	喀斯特石漠化地区高速公路景观仿真技术	贵州大学
绿色施工	块片石自密实混凝土施工技术	同济大学
	高速公路粗填料高路堤强夯控制技术	中南大学
	石漠化高陡岩质边坡植被恢复及三联生态防护技术	国家环境保护创面生态修复工程技术中心、北京旗明中路生态科技有限公司
	喀斯特山区陡坡地段高桩承台施工技术	贵州大学
	特大桥索塔预应力混凝土横梁预制装配化成套技术	长沙理工大学
	喀斯特石漠化山区隧道零开挖进出洞技术	中南大学
	分岔隧道连拱段独立双洞法修筑技术	中南大学
	隧道超欠挖数字化控制技术	中南大学
	喀斯特岩溶隧道突水突泥防治技术	同济大学
	煤系地层瓦斯隧道安全设计及施工技术	中南大学
	隧道预制装配式仰拱结构快速施工技术	中南大学
	高速公路施工期信息化管控技术	同望科技股份有限公司
绿色运营	喀斯特山区高速公路路基边坡风险管控技术	贵州省交通规划勘察设计研究院
	石漠化地区高速公路滴灌自动化控制技术	贵州大学
	隧道新型节能光环境及控制技术	贵州大学、安徽中益新材料科技有限公司、贵州西能电光科技有限公司

2.6　建设成效与推广经验

2.6.1　建设成效

本书所依托的科技示范工程严格按照《交通运输部办公厅关于同意贵州喀斯特石漠化地区高速公路绿色建造科技示范工程立项实施的通知》（交办科技函〔2021〕610号）要求和《贵州喀斯特石漠化地区高速公路绿色建造科技示范工程实施方案》内容实施，已全面完成或超额完成上述要求的各项内容和目标任务，取得了较好的示范应用效果。

依托科技示范工程共形成标准规范 4 项，施工工法 5 项，技术指南 5 项；获得国家专利 16 项（其中发明专利 4 项，实用新型专利 12 项），软件著作权 9 项；编写科技专著 1 部，发表科技论文 25 篇。

2.6.2　推广经验

（1）注重制度设计。

项目组在创建科技示范工程的过程中十分重视制度设计与目标考核，建立了完善的工作机制，发布相应管理办法。项目创建开始即先后编制了《科技示范工程管理工作大纲》《科技示范工程档案管理制度》《科技示范工程建设领导小组管理办法》《科技示范工程建设奖惩制度》等一系列配套制度，全面组织实施相应方案。按照工期开展实施各重点项目，对各个子项目进行审查、资料收集备份等工作；每月对实施情况进行评价与监督，督办各项工作的有效落实，对实施工作进行阶段性检查和测评。

（2）注重科技创新。

务实创新，提升智慧交通技术水平发挥绿色交通的引领作用。信息化、智能化水平是衡量交通运输现代化发展水平的重要标志。西部地区普遍基础设施建设资金较为有限，在资金约束、工程条件恶劣、生态环境敏感的条件下，石漠化地区绿色建造高速公路亟须务实创新。在建设过程中，应用新技术、新材料、新设备、新工艺以保证工程质量和技术水平的先进性。

本书所依托的科技示范工程注重科技创新，多次获得中国公路学会、贵州省总工会、贵州省科学技术协会、贵州省质量协会、贵州省公路学会等科技创新奖项。

（3）注重宣传展示。

①广泛开展技术交流。

本书所依托的科技示范工程在创建过程中十分重视技术交流，为促进技术推广应用，共开展技术交流会 12 次。其中，科技示范工程承担单位于 2021 年 10 月 20 日在中国公路学会组织的会议上进行技术交流，现场情况见图 2-2。

本书所依托的科技示范工程开展的较大规模技术交流活动汇总情况见表 2-3。

图 2-2　技术交流现场

兴义环城高速公路建设期开展较大规模技术交流汇总表　　　表 2-3

序号	日期	事项	主要内容
1	2019.09.29	技术交流会	贵州公路集团公司 2019 年品质工程现场观摩会议
2	2019.11.13	技术交流会	贵州省交通运输厅全省建设项目贯彻交通发展纲要研讨会议
3	2019.12.22	技术交流会	宁夏交投工程建设管理有限公司到兴义环城高速公路项目进行观摩学习的会议
4	2020.04.16	技术交流会	贵州省质监局组织到兴义召开交建集团全省质量检查通报会议
5	2020.05.14	技术交流会	贵州雷榕项目公司到兴义环城高速公路项目参观学习
6	2020.06.05	技术交流会	贵州仁遵项目公司到兴义环城高速公路项目参观学习
7	2020.06.23	技术交流会	贵州省监理标准化创建交流活动在兴义环城高速公路项目举行
8	2020.07.30	技术交流会	内蒙古交科路桥建设有限公司到兴义环城高速公路项目参观学习
9	2020.08.05	技术交流会	贵州道武项目公司到兴义环城高速公路项目参观学习
10	2020.08.10	技术交流会	贵州黔西南州公路工程养护有限公司到兴义环城高速公路项目参观学习
11	2020.09.15	技术交流会	贵州路桥集团到兴义环城高速公路项目参观学习
12	2021.10.20	技术交流会	在中国公路学会论坛上做了题为"贵州兴义环城高速公路绿色建造科技示范工程建设实际"的技术交流

②广泛进行媒体宣传。

本书所依托的科技示范工程在创建过程中，通过在电视、报纸、杂志、网络、微信公众号广泛宣传展示绿色建设理念，中央电视台、贵州卫视、人民网、央广网、中新网等多家媒体对兴义环城高速公路进行了全方位的宣传，展现了贵州科技引领实现公路技术与服务水平提升的形象。

(4)强化人才培养。

充分调动工程建设者和各类人才参与科技创新的主动性和创造性。组建科技人才服务队，扎实驻点帮扶、科技帮扶。加强基础人才队伍建设。完善政策激励机制，以科技示范为纽带增强科研队伍研究能力。兴义环城高速公路开工建设以来，依托科技示范工程的创建，广大技术人才能力得到不断提升，在参与项目建设的人员之中，仅贵州省公路工程集团有限公司(以下简称"贵州公路集团")就有53人的职称得到了提升。

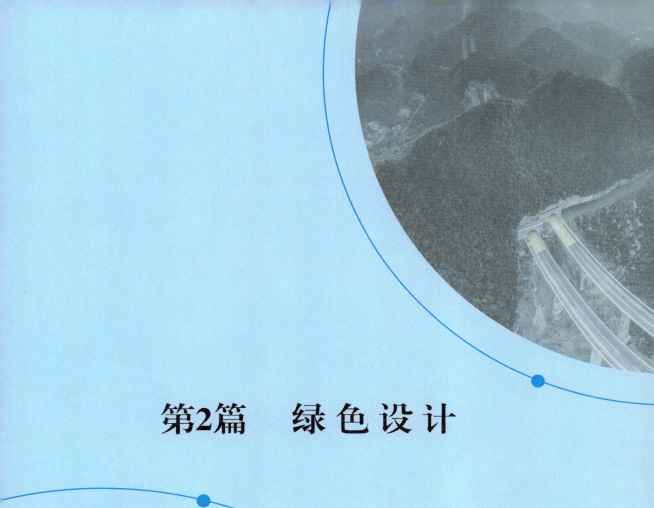

第2篇　绿色设计

第3章　喀斯特石漠化山区高速公路绿色设计理念

高速公路选线设计是道路设计阶段的首要工作也是关键工作，对公路的路基路面、桥涵、隧道、人工构造物等其他设计影响较大。高速公路作为联结城市与城市、区域与区域最重要的交通纽带，如果路线设计不合理，不仅不能起到很好的区域联结功能，还会带来巨大的经济损失和环境污染。可见，高速公路选线设计的重要性。本工程采用 BOT(建设-经营-转让)模式进行建设，项目设计、施工与运营均为贵州公路集团，打破设计与施工之间的壁垒，有利于从源头上将绿色理念与技术贯穿于高速公路设计、施工、运营等整个生命周期的各个阶段。工程所处喀斯特石漠化地区，地形复杂、地质病害多、生态环境敏感，设计过程中坚持"最小破坏、最大保护"原则，合理选线，严格保护土地资源，综合利用沿线土地和地材资源，推广应用资源节约集约利用、生态保护、环境污染控制、提升服务等方面的新技术、新工艺、新材料、新装备，考虑当地经济社会发展、资源矿产、民风民俗等情况，合理避绕，将沿线资源、地域文化等特点融入设计，将"安全舒适、节约投资、环境友好、景观优美"的绿色设计理念贯穿于项目建设中。

3.1　统筹规划

项目秉承着统筹规划、集约节约资源的理念，提前修建并入住运营期监控中心，为节约用地，建设单位将管理中心、收费站站房、养护中心合并一起建设，见图 3-1；为减少运营期管理人员，将常规分别设置的隧道监控室和收费站监控室合二为一。该举措改变了传统租用民房、修建临时驻地作为项目管理中心的方式，不但节约项目管理成本，还促进了建设单位的建设、管理形象，给管理人员提供了良好的办公、休息环境。

图 3-1　建设单位驻地

3.2　统筹设计施工

破除传统"能挖则不隧"的理念,结合填挖平衡进行综合统筹。根据土建 7 个工区项目特点和施工组织设计,充分考虑路面、绿化等后期施工单位需求,多次组织召开设计、施工协调会,与设计无缝对接,结合设计联系实际调配全线土石方、料场、弃土场、借土场、拌和站、预制场、施工便道等,最大限度减少了资源的浪费。通过利用服务区场坪、地材加工、施工便道、隧道洞渣、桩基础孔渣、互通三角区、优化设计调整纵坡等,对填挖方在全线范围内进行合理综合统一调配,对弃方或借方量较大段落尽量采用料场、隧道和桥梁方案实现平衡。最终主要优化成果:T 梁预制场由 22 个调整为 17 个,拌和站由 21 个调整为 16 个,钢筋房由 24 个调整为 19 个,全线料场均建设在红线范围内,全线基本实现 57km"零弃方"。兴义环城高速公路在施工图送审阶段就结合全线填挖方工程数量分段落进行统筹分析,对全线土石方进行统一调配和优化。

K6+300～K7+948 段为灰岩地区,原设计为 540m 隧道 + 路基,欠方约为 20 万 m^3,料场规划在红线外。为保护生态环境,施工图设计将该段调整为路基 + 780m 桥梁,路面施工的料场选址在调整后的路基段内,既实现了挖用平衡,又减少了对红线外生态的破坏。

3.3 绿色选线

1)节地选线,保护土地资源

(1)K11+100~K16+500段的原设计路线以路基形式通过,路线横穿并占用基本农田约210亩(1亩≈666.6m²),将相邻的三个村寨分割,破坏了居民耕种用地和出行。施工图调整了纵断面,路线沿山脚走向以隧道方案穿过(图3-2),该方案仅占用农田约30亩,对原始地貌几乎没有破坏,守住了绿水青山并避免了三个村寨的分割,维持了当地居民原有的生产、出行方式,同时也为新农村建设预留了广阔空间。

图3-2　K11+100~K16+500段路基调整为隧道

(2)高挖方路段尽量以短隧道形式通过。兴义环城高速公路沿线属于典型锥形喀斯特地貌,为节约土地资源、保护原始植被和景观,建设单位破除以前"能挖则不隧"的理念,结合填挖平衡进行综合统筹。K13+600~K13+820段原设计以为挖方路基,挖方数量为93万m³,边坡采用锚杆、锚索防护,占地36亩,拆迁房屋5栋,若将高挖方填筑改为隧道方案,共计节约土地23亩。故全线将绒窝寨、营门脚等5段高挖方调整为短隧道,最短隧道为88m,节约土地131余亩。调整方案见图3-3。

2)安全选线,绕避不良地质

(1)K41+000~K45+100段(敬南互通连接线)的初步设计路线以路基和桥梁形式横穿堆积体,该方案存在很大的安全隐患。施工图阶段从地质选线、全寿命周期等理念角度出发,绕避堆积体和企业拆迁等进行5个方案比选论证,最后选定了避让了两处堆积体和养鸡场的拆迁方案。

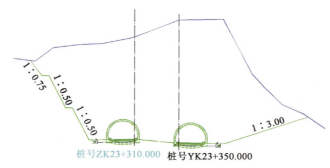

图 3-3　K13+600~K13+820 段高挖方调整为隧道

（2）峰林特大桥为跨越马岭河峡谷而设，桥位地处 V 形峡谷，两岸地形坡度较陡。通过地形地质、工程造价、建设规模与难度、运营管理费用等综合比选论证，从 5 条比选线位中选出 3 种桥型方案（图 3-4~图 3-6），最终选用悬索桥方案。

图 3-4　工可斜拉桥方案

第2篇
■ 第3章 喀斯特石漠化山区高速公路绿色设计理念

图3-5 初步设计钢管拱方案

图3-6 施工图悬索桥方案

第 4 章 喀斯特石漠化山区高速公路景观仿真技术

4.1 技术背景

喀斯特石漠化山区地形地貌复杂，景观独特，高速公路建设很容易出现景观设计与路域自然环境不协调、不融合的情况。借助无人机和 BIM（建筑信息模型）技术手段，以数据采集工具＋BIM 应用，创建三维数字模型，结合 BIM 技术对项目进行前期勘察、中期建造及后期运营管理的过程，旨在改变项目参与各方的协作方式，可以有效地控制成本、提升项目质量和安全、加快时间进度，在设计阶段就能看到景观设计的全貌和与周围环境的融合度，为公路的景观设计提供丰富的保障与支持。与喀斯特独特地貌景观相结合，建立三维数字实景模型，在项目景观概念策划阶段，通过实景三维建模还原选址现场，将设计方案与实景模型融合，进行方案对比与规划，实现高速公路与路域环境的自然融合和景观协调。通过构建贵州公路工程三维模型平台，形象地展示喀斯特地貌贵州公路工程特点，选取项目场景点作为示范探索点，为后期设计位于同类地形、地质、地貌的工程提供参考。

4.2 技术概要

结合现阶段成熟的无人机三维建模技术，将 BIM 与贵州喀斯特独特地貌相结合建立三维数字实景模型，尚属首次。三维实景建模可以对现场进行还原，可将实地现场情况进行可视化的测量、展示、规划和设计等。在项目还处于概念策划阶段的时候，通过实景三维建模还原选址现场，将设计方案与实景模型融合，进行方案规划。通过 BIM 输入相关的数据信息，使模型参数化，以此对选址现场进行模拟分析，并进行可视化展示，实现高速公路与喀斯特石漠化地区路域环境的自然融合和景观协调。

（1）无人机三维实景建模技术将重点工程周围环境实景还原，解决因测量工作时间紧、任务重，不可避免地存在着"定位难、丈量难、记录难和分析难"的问题以及工程量核算不精准的问题。

（2）高速公路设计需要考虑多种因素，而无人机三维实景建模具有可视化程度高的特点，在高速公路景观设计上可做到三维可视化；同时无人机三维实景建模结合计算机软件辅助高速公路设计，为公路路线选址、隧道建设提供现场实测数据，结合高速公路设计规范，从经济、绿色、节能多方面综合因素提出高速公路最优设计方案。

（3）通过无人机三维实景模型中的开挖量、土石方量的测量，对工程的各项费用以及工期进行估算并进行经济最优化比选；通过无人机三维实景仿真图比选出进洞设计方案以及桥型方案，选出合理的隧道洞口形式和桥型设计方案。

（4）开发BIM信息化管理平台，对人员、机械、物品、环境、安全等其他因素进行管理，深化图纸设计，实现资源调配、建造工艺及施工质量的精细化管控。

4.3 示范工程应用

在兴义环城高速公路4处路段采用景观仿真技术进行生态选线技术优化。将基于目前对无人机三维实景建模技术的成熟应用，和BIM技术有机结合，形成集展示、科普、教学、科研、行业应用等方面的公路工程三维模型平台建设思路，以更集中、更便捷、更高效、更全面的方式，直观地将贵州公路工程的数据以新形式展现出来，打造贵州公路工程科教游融合的新平台，以服务于行业应用、教学科研等。

1）开展无人机倾斜摄影测量技术研究，构建峰林特大桥施工段三维模型

（1）基于倾斜摄影测量技术，对兴义环城高速公路的工程难点进行重点把控，准确定位无人机的航拍路线，并对建模过程中的空中三角测量计算原理进行分析总结，在Bentley平台Context Capture系列软件中采用四角点组、区域网周边均匀布设，将布设空中三角测量加密成果引入兴义环城高速公路施工实景三维建模的过程中，构建了兴义环城高速公路施工实景模型。峰林特大桥实景建模见图4-1。

采用镜头视角为94°的广角镜头，拍摄360°全景照片。按照30%的衔接重叠

空间，则在水平方向上需要拍摄12张以上照片；随后往下调整角度，需要拍摄8张以上的照片以生成360°全景照片；再继续往下调整角度拍摄4张照片，最终以垂直向下角度来完成拍摄。

图 4-1　峰林特大桥原地貌及建模效果图

Context Capture 基于 GPU（图形运算单元）快速创建三维场景，可运算生成基于真实影像的高密度点云，如图 4-2 所示。根据点云数据可以自动生成 TIN（不规则三角网），如图 4-3 所示，并且生成白模的三维模型（图 4-4），再自动对白模三维模型赋予纹理，生成基于真实影像纹理的实景三维模型（图 4-5）。

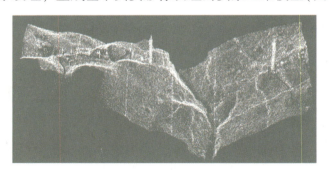

图 4-2　峰林特大桥特高密度点云

图 4-3　峰林特大桥不规则三角网模型

图 4-4　峰林特大桥白模三维模型

图 4-5　峰林特大桥实景三维模型

（2）对生成的实景三维模型场景中模型的平面精度、高程精度组成的几何精度进行分析研究，三维场景的整体精度完全满足《三维地理信息模型数据产品规范》（CH/T 9015—2012）规定的相关要求；系统地评价三组模型的精细度、具有代表性线段的精度，均符合《三维地理信息模型数据产品规范》（CH/T 9015—2012）规定的要求。

2）开展无人机三维实景施工方案对比分析

（1）无人机倾斜摄影技术在芭蕉塘挖方改隧道技术方案对比中的应用。

芭蕉塘挖方改隧道技术方案对比如图 4-6 所示。原设计方案需要将整个山体进行爆破开挖，施工过程中开挖、堆土、弃土等问题将造成一定程度上的、不可修复的环境破坏。新设计方案修改为采用隧道方案，避免了整个山体的爆破。

通过无人机倾斜摄影技术建立模型，对比分析芭蕉塘挖方改隧道技术方案。在三维模型图上点击"测量"下设"体积"选项，根据现场场地情况，在三维图上用特定方法输入规划区域的坐标，依次连接圈出需要计算土石方量的区域，标识时可以把三维视图进行放大、选择和倾斜，让点位与现场相符（标识点不要落在相邻的树木和建筑物上，会造成土石方量计算平差较大）。位置点点选完成，形成封闭图形，三维图测量窗口可显示选择图形的周长、面积、平均高程处的挖填工程量。在"方法"项选择自定义平面"高度"项输入1604.74，计算显示出高程1604.74m处的挖填工程量，得到挖方为260830m³、填方为12655m³，场地内需外运弃渣为248175m³，模型如图4-7所示。结合三维实景模型的体积估算，采用无人机进行土方量预测，避免了26万m³土方量的产生，极大减少了施工成本、缩短了工期。

图4-6 芭蕉塘挖方改隧道技术方案对比模型

图4-7 芭蕉塘上部山体土方量模型

（2）无人机倾斜摄影技术在楼纳村工程选线工程量估算中的应用。

根据原有设计方案（图4-8），兴义环城高速公路路线需要从图4-8中右侧沿楼纳村通过，考虑到原有路线会产生较大面积的土地征收以及村内的房屋拆迁工作，更改设计为左侧依山脉通过，通过楼纳1号、楼纳2号、楼纳3号3个隧道群绕开居民聚集区，极大地减少了拆迁及征地。

图 4-8　楼纳村航拍照片

（3）无人机倾斜摄影技术在楼纳互通三角区景观保留节省工程量估算中的应用。

现场实景中楼纳互通立交内为一座孤峰，如图 4-9 所示。按原设计方案，需要将整座山峰移平，但周边原住居民较多，不宜开展爆破，而且移平山峰产生的堆土、弃土等问题也需要在周边征地用作弃土场。

图 4-9　楼纳互通立交三维实景模型

根据原有的设计方案，在三维模型内构建山峰移平后的平面效果图（图 4-10），移除山峰除了会带来施工难度，还丧失了一些景观特点。原有山峰的存在更能体现兴义地区高速公路的地形特点。

通过无人机倾斜摄影技术建立模型，如图 4-11 所示。在三维模型图上点击"测量"下设"体积"选项，根据现场场地情况，在三维图上用特定方法输入规划区域的坐标，依次连接圈出需要计算土石方量的区域，标识时可以把三维视图进行放大、选择和倾斜，让点位与现场相符（标识点不要落在相邻的树木和建筑物上，会造成土石方量计算平差较大）。位置点点选完成，形成封闭图形，三维图测量窗口显示选择图形的周长、面积、平均高程处的挖填工程量，在"方法"项选择自定义平面"高度"项输入 1262.21，计算显示出高程 1262.21m 处的挖填工程量，则可得到挖方为 140272m³，填方为 11m³，场地内需外运弃渣为 140261m³。结合三维实景模型的体积估算，采用无人机进行土方量预测，避免了 14 万 m³ 土方量的产生，降低了成本，提高了施工效率。

图 4-10　楼纳互通立交山峰移平后平面图

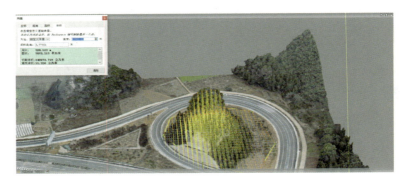

图 4-11　楼纳互通立交山峰土石方量模型预测

4.4　效益评价

良好的景观设计不仅可以改善沿线行车环境，还能缓解驾驶员视觉疲劳，提高行车安全。通过采用喀斯特石漠化山区高速公路景观仿真技术，结合喀斯特山区的地形地貌特点，运用无人机和 BIM 技术手段，在道路真三维环境中科学合理地进行景观设计，将公路建设对环境的负面影响尽可能降到最低，最大程度地展示景观的动态美感，实现公路景观与喀斯特石漠化独特地形地貌的有机融合。

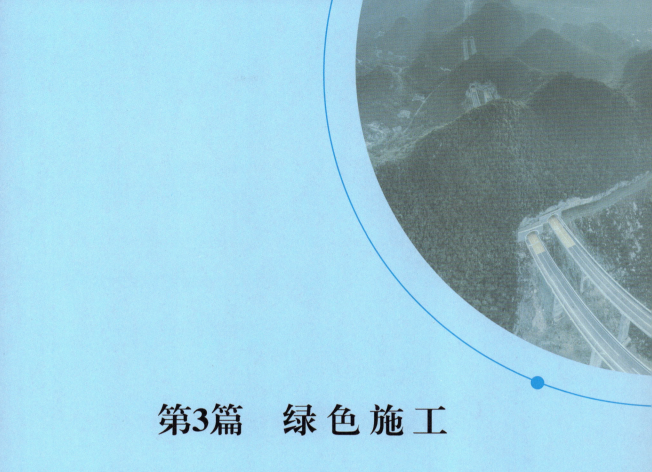

第3篇 绿色施工

第5章　块片石自密实混凝土施工技术

5.1　技术背景

自密实混凝土作为一种新型高性能混凝土，其新拌混凝土因具有良好的工作性能，使混凝土的填充性、密实性、均匀性得到显著提高，能够在自重下无须振捣而自行填充模板的空间，形成均匀密实的混凝土结构，因而广泛应用于浇筑量大、浇筑深度深或浇筑高度大、钢筋密集、有特殊形状等的混凝土工程中。目前，自密实混凝土已经成为高性能混凝土的一个重要研究方向。

片石混凝土即毛石混凝土，一般多用于基础工程与挡墙工程，如片石混凝土带形基础、片石混凝土垫层等。浇筑混凝土墙体较厚时，也会掺入一定量的片石，如片石混凝土挡土墙等。但传统片石混凝土施工中，对片石掺入量、片石粒径、片石间隙、片石投入方式等有严格的规定。

将自密实混凝土技术与传统的片石混凝土技术结合起来，形成贵州地区石灰岩质块片石自密实混凝土，这是根据贵州地区混凝土原材料特点与混凝土技术快速发展而开发的一种革命性的、新型的超流态自密实混凝土，其混凝土强度等级可满足不同设计要求。其施工技术是：首先将满足一定粒径要求的大块石/片石直接放入施工仓，形成有一定空隙的片石体，然后在片石体表面浇筑特定的超流态自密实混凝土，依靠其自重完全填充片石空隙，超流态自密实混凝土硬化后与片石形成完整、密实、低水化热的混凝土结构。自密实混凝土不仅改变了传统的片石混凝土施工工艺，而且具有大大提高片石混凝土质量、降低人工劳动成本、提高施工效率、改善施工环境等优点。

本项技术在贵州兴义环城高速公路全线路基挡土墙，部分涵洞台身，桥梁桩基、桥台以及高墩承台进行了推广应用。

本项技术不仅对于贵州省的机制砂自密实混凝土的创新与推广应用具有

积极意义，而且对全国机制砂自密实块片石混凝土的生产和施工都将具有非常重要的理论和实践意义，在技术、经济、社会和环境方面的意义不言而喻。

5.2 技术概要

块片石自密实混凝土是根据贵州混凝土原材料特点与混凝土技术快速发展而开发的一种革命性的、新型的超流态自密实混凝土，能在自重下无须振捣自行流注充填模板而浇筑成形，以获得完整、密实、低水化热、高质量、密实的混凝土。新拌块片石自密实混凝土具有良好的工作性，硬化后具有良好的力学性能和耐久性能。创新的块片石自密实混凝土及其设计、制备、生产、浇筑、检测、养护、过程控制等成套技术实现了公路建设中混凝土工程快速建设与混凝土绿色技术革命。主要技术成果如下：

(1) 建立了块片石自密实混凝土力学特性与堆积分析模型。针对不同挡墙特征，提出了挡墙受力分析模型；建立了块片石自密实混凝土材料与构件的受力模型，探明了受力特征难题；于国际上率先建立了二维计算机模拟分析块片石的堆放模型，提出形成了块片石堆积体空隙率的控制方法与技术，解决了块片石堆积控制难题。

(2) 攻克了超流态机制砂自密实混凝土制备技术。创新提出了大掺量粉煤灰超流态机制砂自密实混凝土配制关键技术，包括集料最紧密堆积技术、大掺量矿物掺合料复掺技术、外加剂复掺技术、配合比参数优化技术；配制出粉煤灰掺量大于50%、坍落度大于25cm、扩展度大于70cm、倒坍落度筒流出时间小于5s的C20超流态自密实混凝土，解决了块片石空隙难以填充密实的难题；创新提出了倒坍落度流出时间评价方法，解决了生产与施工现场混凝土质量评价与控制难题。

(3) 开发出块片石自密实混凝土成套施工应用技术。提出了块片石自密实混凝土设计与施工新方法，突破传统片石混凝土技术的块片石掺量，使块片石掺量从20%提高到60%，不仅提高混凝土工程质量，且大大缩短施工工期；提出了块片石堆积、超流态自密实混凝土浇筑、块片石自密实混凝土养护等施工技术；提出了橡胶抽拔棒注水法的块片石自密实混凝土现场施工质量评价与控制方法，解决了其施工质量评价难题。

（4）编制了技术规程。制定中国工程建设标准化协会公路分会技术标准，将块片石自密实混凝土技术引入《公路工程块片石-机制砂自密实混凝土应用技术规程》（T/CECS G：K50-31—2022），为块片石自密实混凝土技术在贵州地区乃至全国大规模推广应用奠定了技术基础。

5.3 示范工程应用

本项技术在兴义环城高速公路全线路基挡土墙，部分涵洞台身，桥梁桩基、桥台以及高墩承台进行了示范应用，共应用自密实片石混凝土32万 m³。

通过理论计算、计算机模拟、室内试验、现场试验与评价等，研究出一种新型的机制砂超流态自密实片石混凝土施工工艺，研究出机制砂超流态自密实片石混凝土配合比设计、配制、施工、检测、养护、过程控制等成套应用技术，并指导其在高速公路挡土墙等施工应用，为公路工程的挡土墙等提供一种新型的混凝土施工技术。

5.4 效益评价

5.4.1 社会效益

使用块片石自密实混凝土施工技术成果，解决了山区大量片石混凝土挡墙施工缓慢的难题，加快了施工进度，减少了施工辅助设备及人力资源，降低了施工成本，且施工质量易控制、安全可靠。兴义环城高速公路在全线应用该技术，共减少水泥用量1.4万 t，减少水用量5.6万 m³，减少砂用量4.5万 m³，利用隧道弃渣5.0万 m³。一方面，节约了大量的水泥用量，减少了生产水泥的能源消耗及碳排放；另一方面，大大提高了隧道石质弃渣利用率，促进资源循环利用，符合可持续发展战略，对改善区域生态环境具有重要的推动作用，社会效益显著。

5.4.2 经济效益

将自密实混凝土技术引入片石混凝土，大大突破传统技术的片石掺量限制，提高了工程质量，既缩短了工期又降低了成本。经测算，采用普通 C20 片石混凝土施工，综合单立方米平均造价为 271.95 元；采用本项技术成果研发的 C20 自密实块片石混凝土施工，综合单立方米平均造价为 211.37 元，二者相比，每立方米成本节约 60.58 元，成本节约 22.3%，直接经济效益显著。

第6章　高速公路粗填料高路堤强夯控制技术

6.1　技术背景

近年来，西部山区高速公路建设蓬勃发展。由于山区地形地貌、地质条件的复杂性和特殊性，导致山区高速公路路基结构形式有着独特的特点，表现在如下两个方面：一是山区高速公路建设中路堤填料多来源于山体、隧道开挖后的弃方石料，填料粒径较大，与常规的均质细填料不同，山区高速公路路堤填料多为级配较差的粗填料；二是由于山区沟壑、沟谷纵横交错，高速公路修建时常常需要填筑较多的高路堤。而修建粗填料高路堤面临的主要问题为：路堤在填筑过程中的填筑质量难以控制；路堤填筑完成后的沉降较大且极易产生较大不均匀沉降，导致路堤结构发生破坏。

目前，公路路堤填筑质量碾压控制施工时，通常是以最后两遍碾压沉降均值<5mm作为停压标准，并未考虑填筑摊铺厚度的影响。当提高摊铺厚度时，碾压一定遍数后，路基表面沉降值虽然能达到停压标准，但此时路堤深处往往难以达到良好的压实效果。

贵州省高速公路正处于大规模快速建设时期，施工速度快，填石或土石混填高路堤普遍，传统压实方法需要足够时间保证路堤沉降，工后沉降往往难以保证。《公路路基施工技术规范》（JTG/T 3610—2019）对路堤压实度要求有所提高，下路堤、上路堤压实度分别从原来的90%和93%提高到93%和94%。因此，迫切需要采取有效的工后沉降控制施工技术，以确保粗填料高路堤的填筑施工质量。

兴义环城高速公路建设时，沿线需要填筑大量的粗填料高路堤，粗填料多为粒径45~120cm的土石或石质弃方，高路堤填筑高度高达20~30m。粗填料高路堤在前期的填筑过程中，采用常规的振动碾压方法时，大量地段的路堤仍然出现了较大的不均匀沉降，难以控制填筑质量。为了提高路堤的压实度，减少路堤的工后沉降和不均匀沉降并考虑到填料的特殊性，传统的压实方法较难满足工程的需要，而强夯施工是一种提高路基深层压实效果、消除压实质量隐患的有效手段，因此极有必要采用强夯法对山区粗填料高路堤进行加固补强，从而有效地控制高路堤的工后沉降。

针对兴义环城高速公路粗填料高路堤在填筑过程中面临的填筑质量控制难题，项目组提出采用高路堤强夯控制技术控制粗填料高路堤的工后沉降。此技术相对于单一的振动碾压压实法或强夯法，有如下特点：一是该技术克服了常规的碾压压实质量较差的缺点，能够较好地保证碾压效果；二是分层填筑累积到一定厚度后进行强夯补强，不但能够较好地控制前期分层累积填筑路堤的填筑质量，而且避免了采用逐层强夯法时产生的较大经济及时间成本。

本项技术依托交通运输部科技示范工程"贵州喀斯特石漠化地区高速公路绿色建造科技示范工程"，在兴义环城高速公路全线高路堤进行了推广应用，并就如下问题开展了进一步研究：一是粗填料高路堤压实质量控制指标及方法研究；二是粗填料高路堤强夯加固机理研究；三是粗填料高路堤工后沉降机理及强夯加固控制技术研究。

6.2 技术概要

1) 粗填料高路堤压实质量控制指标及方法研究

路基的压实是路基填筑施工中的关键工序，现行的路基压实质量控制标准及控制方法大多是基于均质细颗粒填料路基开展的。对于粗填料高路堤，当采用大激振力压路机振动碾压时，缺乏合适的压实质量控制标准及方法。结合试验研究及理论分析，针对粗填料高路堤压实质量的控制，提出双重控制指标、标准层的概念（标准层即按现有路基施工规范中填料控制粒径和摊铺厚度的要求进行填筑并按相应的压实标准进行碾压）以及利用标准层的双重控制指标进行粗填料高路堤压实质量控制的方法。

2) 粗填料高路堤强夯加固机理研究

由于强夯法适用的路基土范围广泛，且不同路基土之间存在显著差别，因此关于强夯法加固路基的机理，目前国内外尚未形成统一认识。通过理论分析并结合数值模拟及现场试验研究结果，分析粗填料高路堤的强夯加固机理、夯击能的传递过程、不同夯击能下强夯的加固范围、强夯夯沉量与夯击前后填料空隙率、压实度变化之间的关系。

3)粗填料高路堤工后沉降机理及强夯加固控制技术研究

通过试验研究分析粗填料高路堤的工后沉降机理，并根据振动碾压及强夯加固现场试验结果，提出粗填料高路堤工后沉降碾压-强夯加固控制技术施工工艺。

6.3 示范工程应用

6.3.1 主要研究与应用内容

本项技术的主要研究技术原理为分层填筑利用大吨位压路机进行振动碾压，待填筑至一定层厚时进行强夯补强加固。在高路堤填筑过程中，按照碾压-强夯加固控制技术施工参数，依次交替开展大吨位振动碾压、强夯加固施工技术，直至粗填料高路堤填筑至设计高程。

本项目对粗填料高路堤压实质量控制指标及方法、粗填料高路堤强夯加固机理，以及粗填料高路堤工后沉降机理及强夯加固控制技术等方面做进一步研究与示范应用，主要内容如下。

1)粗填料高路堤压实质量控制指标及方法研究

(1)粗填料高路堤路基用填料密度测量方法。

目前，公路路基施工过程中常常采用压实度作为路基压实质量的控制指标。但粗填料路基在碾压完成后，传统的环刀法、灌砂法及灌水法难以用于现场实测获得碾压后路基填料密度，难以反映碾压压实的效果。本项技术提出一种采用密度箱装置测量填石路基碾压过程中填料密度的方法，采用该方法并通过现场碾压密度箱试验研究，得到碾压遍数与路基用填料密度之间的关系曲线以及路基用填料密度与静土压力值之间的关系曲线，为确定碾压施工参数提供了理论依据。在后续的施工过程中，只需要在被测量的位置提前埋设好土压力盒，通过压力盒的读数即可得到该位置处的密度，操作方便，实用性强。

(2)粗填料高路堤压实质量控制指标及方法。

现行《公路路基施工技术规范》(JTG/T 3610)中常以压实度作为压实质量的控制指标，并以碾压最后两遍沉降均值<5mm时停止碾压作为压实质量的控制

方法。对于粗填料高路堤，由于难以进行室内试验确定粗填料的最大干密度，因此无法直接使用压实度作为压实质量控制指标。此外，以最后两遍碾压沉降均值 <5mm 时停止碾压作为压实质量的控制方法并未考虑填筑摊铺厚度的影响。粗填料高路堤分层填筑的摊铺厚度较大，当提高摊铺厚度时，碾压一定遍数后，路基表面沉降值虽能达到停压标准，但此时路堤深处并没有达到良好的压实效果。因此，本项技术针对粗填料高路堤压实质量的控制方法，开展了一系列试验研究和理论分析。

密度箱试验结果和理论分析表明，粗填料高路堤在逐渐压实的过程中，表面沉降率和层底静土压力能够有效、可靠地表征粗填料的密实程度并与传统的压实度有着较好的相关性，因此对于粗填料高路堤压实质量的控制，可以选择以达到停压标准时的表面沉降率和层底静土压力作为压实质量控制的双重控制指标。

针对粗填料高路堤压实质量的控制方法，提出了标准层的概念及利用标准层进行粗填料高路堤压实质量控制的方法。标准层按现行《公路路基施工技术规范》（JTG/T 3610）中路基填料摊铺时控制粒径和摊铺厚度之间关系（$d_{max} \leq 2/3H$）的要求设置，即标准层控制摊铺厚度 80cm、控制粒径 50cm 或控制摊铺厚度 100cm、控制粒径 65cm，并按如下过程以及如图 6-1 所示的内容进行粗填料高路堤的压实质量控制。

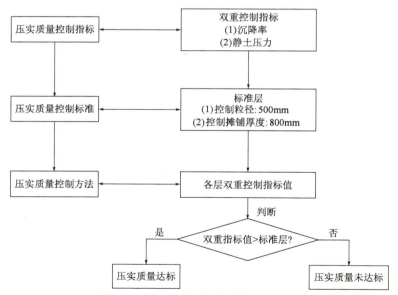

图 6-1　粗填料路基压实质量控制体系流程

（1）以分层碾压完成后的表面沉降率及层底静土压力作为粗填料高路堤碾压压实质量的双重控制指标；

（2）在碾压试验段首先填筑标准层，标准层填筑厚度根据规范要求的与填料粒径的关系进行控制，并按规范进行碾压压实后，获得标准层碾压压实后的表面沉降率及层底静土压力值；

（3）在标准层之上依次增大摊铺厚度填筑其他试验层，将各试验层碾压完成后的检测指标值与标准层的检测指标值进行对比，通过判断不同摊铺厚度层碾压后压实质量的达标情况，确定最大摊铺厚度。

2）粗填料高路堤强夯加固机理研究

目前强夯加固机理的研究分析大多基于常见的非饱和、饱和细料土体，但不同土体性质差别很大，对应的加固机理也不尽相同且存在较大区别，很难建立适用于各类土的强夯加固理论，在工程实践时很有必要按不同土类分别研究强夯加固机理。

研究粗填料高路堤的强夯加固机理，首先要区别粗填料的物理力学特性和结构特征与一般饱和或非饱和填土料的不同。与细粒填土路堤相比，粗填料路堤中块石的工程性质有明显不同。具体表现在以下几个方面：

①填料颗粒间黏聚力很小，甚至近似为零；

②堆积体的整体抗剪强度主要以接触面间的摩擦力为主；

③填筑时很难控制颗粒级配，一般级配很差，大粒径块石占比较大，细颗粒的含量较小，填料之间的空隙较大；

④透水性好，具有自由排水能力；

⑤块石不易压实，但在夯实过程中易出现破碎现象。

因此，分析填石路堤的强夯加固机理，主要是基于填石料以上的几个特性进行分析。

填石路堤分层摊铺振动碾压后，浅层填筑体达到了相对稳定的密实状态，深层块石填料之间仍然存在着较大的空隙。强夯加固的一瞬间，浅层（第一击时厚度约为25cm）填筑体空间结构被破坏，将会发生瞬时沉降，形成夯坑。沉降部分体积向深处运动，使夯锤夯坑下方块石发生竖向压密和侧向挤密。

夯坑下方：强夯作用产生的剪切波（S波）使夯坑下方块石填料间原有的相对稳定或不稳定的架空空隙结构破坏，并在强夯压缩波（P波）的作用下，沉降部分体积进入这些空隙中去，使得夯坑下方块石填料间接触更为紧密，形成嵌挤咬合结构，空隙减小、密实度增大、抗剪强度增大。随着夯击击数的增加，夯坑深度增大，块石向下运动的深度增大，夯坑下方更深处的不稳定架空空隙结构被破坏并进入填石颗粒重新排列状态，形成新的稳定密实结构，填筑体获得较原结构更大的抗剪强度。

夯坑四周：强夯作用下，夯坑沉降部分体积向深部运动的同时，由于存在侧向挤密作用，并在面波（R波）水平分量的作用下，会使夯坑四周块石填料发生水平移动。在移动的过程中，一方面夯坑四周浅层块石填料接触将变得紧密，另一方面由于水平接触摩擦力的存在，一定程度阻碍了这种水平运动趋势并使得夯坑边缘表面填料发生隆起。现场实测结果表明，夯坑周围表面隆起量在距夯锤边缘0.5m处达到最大值。

颗粒破碎：在巨大的夯击能量下，大粒径填石本身及彼此接触的棱角位置处将会发生破碎破坏。破碎产生的一些较细的石质颗粒，一方面能够改善整个加固区的颗粒级配，使其在强夯作用下更易被夯实；另一方面，上层的破碎颗粒在冲击荷载作用下进入下层的填石填料空隙中去，使得空隙体积减小、颗粒间的接触更为挤密，密实度增大。随着夯击击数的增大，相关填石填料的破碎现象将进一步加剧，破碎颗粒的充填密实效果越来越强，使夯锤下方填料的密实度越来越高。

3）粗填料高路堤工后沉降机理及强夯加固控制技术研究

（1）当采用大吨位强激振力振动压路机进行粗填料路基的碾压压实施工时，施工参数尚未明确，并且现场关于分层填筑最大摊铺厚度为80cm的要求偏保守，难以适应公路路基填筑快速化施工的要求。在满足质量控制要求的前提下，通过试验研究确定了粗填料高路堤分层填筑的最大摊铺厚度及相应的施工参数，具体如下：

①填石高路堤激振力600kN下，振动碾压8遍后压实的有效影响深度在1.0～1.1m，则可确定该激振力下填石路基分层填筑的摊铺厚度应控制在1.0～1.1m；

②土石混填高路堤激振力800kN下，振动碾压8遍后压实的有效影响深度在1.0～1.2m，则可确定该激振力下土石混填路基分层填筑的摊铺厚度应控制在1.0～1.2m。

（2）粗填料高路堤工后沉降控制，强夯补强施工时的强夯加固参数及夯前分

层填筑最大累积厚度均尚未明确,通过开展相关研究获得了强夯加固前的累积填筑厚度及强夯加固施工参数具体如下:

①填石高路堤在夯击能级 3000kN·m 下强夯加固的有效加固深度为 4.3~4.5m,表明夯击能级 3000kN·m 下填石路堤强夯补强施工前分层填筑累积厚度应控制在 4.3~4.5;其他施工参数:夯击 8 击、夯点间距 4.5m、夯点距离边坡最小安全距离为 2.5m。

②土石混填高路堤在夯击能级 4500kN·m 下强夯加固的有效加固深度为 4.8~5.0m,表明夯击能级 4500kN·m 下土石混填路堤强夯补强施工前分层填筑累积厚度应控制在 4.8~5.0m;其他施工参数:夯击 12 击、夯点间距 5.0m、夯点距离边坡最小安全距离为 3.0m。

根据上述碾压及强夯试验研究结果,获得了粗填料高路堤工后沉降碾压-强夯加固控制技术施工工艺主要施工参数,见表 6-1。

振动碾压-强夯补强施工参数   表 6-1

项目	填料			
	灰岩碎石		红砂岩碎石土	
控制粒径(cm)	<50	<65	<50	<65
摊铺厚度(cm)	100	110	100	110
压路机激振力(kN)	600		800	
碾压遍数	8		8	
振动频率(Hz)	30		30	
碾压速度(km/h)	<4		<4	
夯前累积层厚(m)	4.3~4.5		4.8~5.0	
强夯能级(kN·m)	3000		4500	
夯点间距(m)	4.5		5.0	
单点夯击击数(击)	8		12	
满夯击击数(击)	2		2	
距边坡安全距离(m)	2.5		3.0	

兴义环城高速公路粗填料高路堤强夯控制技术施工现场见图 6-2。

洒金互通立交路基强夯技术施工现场见图 6-3,万峰林停车区强夯技术施工现场见图 6-4。

图 6-2　粗填料高路堤强夯控制技术施工现场

图 6-3　洒金互通立交路基强夯技术施工现场　　图 6-4　万峰林停车区强夯技术施工现场

6.3.2　主要技术创新点

（1）提出了现场路基粗填料密度的测量方法，与常规灌水法、灌沙法相比，该密度测量方法可靠、便捷，无须破坏路基的原有结构。进一步提出了适用于粗填料路基压实质量控制的压实质量评价体系，涉及压实质量评价指标、评价标准、评价方法。

（2）大吨位振动压路机碾压施工，克服了常规压路机压实质量差、压实功能不足的缺点，可以大幅提高粗填料的控制粒径、分层摊铺厚度。

（3）分层填筑振动碾压至一定累积厚度时进行强夯补强加固，在保证路基整体填筑质量的同时，避免了逐层强夯加固施工带来的工程进度和经济效益的巨大损失。

6.3.3 实施地点及规模

本项技术在兴义环城高速公路全线高填方施工中进行了示范应用，共应用粗填料强夯控制技术施工 68.6 万 m^2，共计夯实填方 273.6 万 m^3。

6.4 效益评价

兴义环城高速公路全线高填方中采用粗填料高路堤强夯控制技术施工，对大粒径弃渣实现了无须破碎即可快速利用、大规模快速利用弃渣、减少弃渣占地、避免对生态环境的破坏。同时，通过推广应用粗填料高路堤强夯控制技术，在高填方施工中节约粗填料破碎时间 30% 以上，填筑速度提升 20% 以上。

第 7 章 石漠化高陡岩质边坡植被恢复及三联生态防护技术

7.1　技术背景

高陡岩质边坡生态景观差，已成为公路建设的突出问题。贵州地区公路建设依然面临地形复杂、地质破碎、岩溶多水、生态敏感、气候极端等工程难题，工程所在地又是滇黔桂岩溶石漠化国家级水土流失的重点治理区。因此，兴义环城高速公路绿色建造关键技术项目既要挑战工程建设难题、解决复杂边坡工程地质问题，更要坚守生态环境保护底线，解决因边坡开挖造成的地质生态环境损害问题，如裸露岩土生态景观差、水土流失严重、影响坡体结构安全，甚至造成边坡工程地质灾害问题。

兴义环城高速公路的建设，坚持生态优先、绿色发展理念，充分考虑工程建设与周围环境和自然景观相协调，强化生态安全和环境保护，针对实际工程中因边坡开挖生态损伤大、景观差、水土流失严重等问题，进行高陡岩质边坡植被修复及三联生态防护关键技术和工程应用技术研究。

高陡岩质边坡通常采用锚杆/锚索框格梁＋植生袋、拱形骨架＋植草、主动防护网等防护方式，可简称为圬工防护＋简单绿化模式。目前，边坡绿化设计都在追求植物防护为主、圬工防护为辅的理念方案，甚至提出更为先进的边坡生态防护设计理念，但在实际工程上还是采用简单绿化的植物防护工程措施，如挖穴点播、撒播绿化、植生袋绿化、挂网喷射厚土层绿化、液压喷播绿化等。简单绿化植被盖度差、植被结构不合理，其实际效果并不理想，既不能起到保土保水作用，更谈不上防护作用和自然生态效果。

7.2 技术概要

7.2.1 传统防护方式

西南地区高速公路建设高陡边坡通常采用圬工防护+简单绿化模式。圬工成本高、景观性差，即使厚层基材绿化法的应用能够一定程度上实现边坡阶段性绿化，但缺乏植被生境构建，建植植物群落结构不稳定且退化严重，不能将植被生态恢复成自然状态。

传统的防护方式存在下列问题：

(1) 圬工防护工程存在质量短板和生态损害问题。

因路基边坡开挖、山体裸露，视觉冲击大；面对绿色发展要求，传统公路边坡防护生态景观差，成为生态环保焦点；通常公路边坡防护因地质环境复杂、气象灾害影响大，高陡边坡施工困难，传统圬工防护+简单绿化耐久性差；因传统的边坡防护技术缺陷、质量缺陷，圬工防护受温度、干湿、冻胀、气象气候等影响，易引发坍塌、崩塌、落石等地质灾害，严重影响路网运行安全和驾驶安全性。

(2) 边坡简易绿化工程存在水土流失问题。

绿化工程普遍采用人工移栽，缺乏生态修复和生物技术支持。土质缓坡因土壤贫瘠、持续肥力差，栽植保活难度大、养护成本高，难以恢复植被功能，导致植被盖度差，不能解决水土流失问题，绿化边坡防护功能无法保障。对其他岩质边坡、高陡边坡，绿化手段几乎无法采用，使圬工防护更显突兀，安全风险大。

国家生态修复技术中心借鉴欧美发达国家生态环境保护经验，通过与日本技术合作，经过多年研究，针对各自然生态区划环境、复杂边坡条件，不断筛选当地植被微生物功能菌群，经过筛选、驯化、扩繁和中试比对微生物制剂，使其与植被物种匹配、生态环境适应，并对复杂边坡立地条件进行工程改进，促使公路边坡植被修复及生态防护技术取得了较大进步，处于国内技术领先地位。

与传统防护形式相比，边坡植被修复及生态防护技术优势明显，稳定性、经济性、景观性、环保性对比见图7-1。

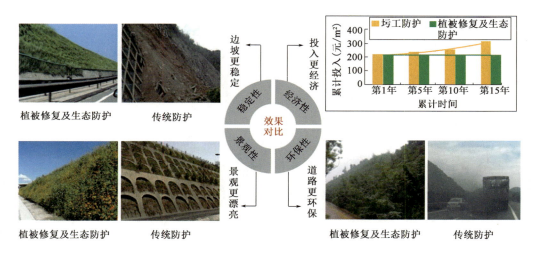

图 7-1 植被修复及生态防护与传统防护形式技术效果比较

7.2.2 新技术工艺

（1）"3S-OER"植被修复及生态防护技术原理："3S-OER"构建了三个系统，即土壤生境系统、植被群落系统和物质循环系统，示意图见图 7-2，研制专用有机生态改良材料构建的土壤生境，能够有效提高土壤活性、调整土壤质地、塑造团粒结构、有效增强土壤肥力；研制微生物体系材料进行生物群落调节菌剂，可以定向调控目标植物生长速度、促进根系发达和群落演替方向；促进植物-土壤-微生物联合修复构建物质循环系统，不断提供植被所需的营养物质。通过修复三个系统来重建植被，实现生态恢复保证植被长效性。

（2）边坡三联生态防护技术是针对边坡生态防护和修复的技术难点，形成一项集安全防护与生态修复为一体的坡面生态防护技术，由物理防护、抗蚀防护和植被生态修复防护三重措施联合（三联）防护边坡，示意图见图 7-3。第一联坡面满铺镀锌钩花三维网＋锚杆作为物理防护可替代原锚网、格构梁、拱形骨架等作用；第二联用微生物体系材、生态基质材、土壤改良剂、抗雨蚀材和生态技术构建的生境植被层平均 10~12cm 厚，可保护开挖面防止风化和抗雨蚀，可饱水泌水，可调温湿的重构生境层；第三联植被生态防护是通过生境系统构建、植物群落系统构建和物质循环系统构建，形成自维持、自循环的完整植被生态系统，草灌乔多样性稳定结构能够起到植物根土固坡作用，坡面植被盖度高和长效性好，能实现生态护坡耐久性。

a) 工艺技术原理

b) 土壤生境系统

c) 植被群落系统

d) 物质循环系统

图 7-2 "3S-OER" 植被修复及生态防护技术原理和三个有机系统修复重建示意图

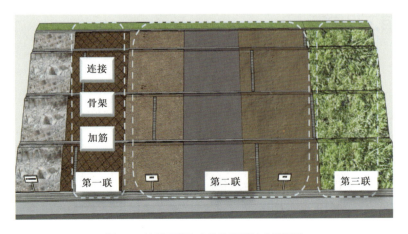

图 7-3 边坡三联生态防护工程技术示意图

(3)坡面植被修复及三联生态防护技术工艺流程。

技术施工过程流程如图 7-4 所示。

图 7-4　坡面植被修复及三联生态防护工程施工流程

兴义环城高速公路边坡三联生态防护建植课题就是要研究开发适应当地生态气候和边坡地质环境条件的微生物技术产品及具备乡土性和长效性植被结构的组合设计,以及达成边坡三联生态防护坡面抗雨蚀防护效果好、生态修复与固坡防护效果好、自然生态视觉感官好的工程应用效果。

7.3　示范工程应用

7.3.1　解决工程难题

主线 YK34+279~YK34+455 右侧边坡属于典型高陡岩质坡面,因山体开挖、岩体裸露、原山体地表植被损坏殆尽,坡面极度贫瘠,因风蚀、雨蚀和重力侵蚀,坡面植被难以恢复。由于石灰岩质坡面风化问题,一般很容易造成新的荒漠化现象。工程现状所面临的问题是六级边坡已成型,原设计圬工防护施工难度极大,左右侧边坡防护前照片见图 7-5、图 7-6。本技术示范应用是要采用植被修复技术和生态防护技术,实现边坡防护集生态景观效果和轻型柔性安全防护于一体,并通过高程(垂直高度 50m 以上)喷播技术解决施工难题。

图 7-5　左侧三级边坡原状

图 7-6　右侧六级边坡原状

7.3.2　研究落地技术

1）兴义环城高速公路边坡建植植物物种筛选和组合配比

调研兴义环城高速公路边坡植物生长限制因素，筛选适宜兴义环城高速公路边坡建植的植物物种进行组合设计。文献搜集和实地调研兴义环城高速公路项目区域地形地貌、气象水文、土壤等信息，辨识兴义环城高速公路边坡植物生长的（温度、水分、土壤养分等）限制因素。调研项目区乡土植被状况，筛选适合兴义环城高速公路边坡建植的植物物种。针对项目区气候类型和边坡特征，依据生物生态学特性、立地类型以及经济型原则，优化兴义环城高速公路边坡建植的植物物种组合，实现边坡的生态修复与防护、生态减排、景观美化等效果。

兴义环城高速公路边坡部分适宜建植植物名目见图 7-7。

图 7-7　部分适宜建植植被物种名目

2）兴义环城高速公路边坡土壤改良植生层构建技术

通过调研取样和检测分析，实地勘察兴义环城高速公路边坡特征（不同质地、坡比、坡高等），采集边坡土壤样品，实验室检测分析土壤颗粒组成、重度、含水率等物理指标，有机质、全磷、全氮、全钾、速效氮、速效磷等化学指标，微生物菌浓、菌群结构、生物酶活性等生物指标。并对边坡未受损区植被和土壤进行背景调研，确定边坡植被生态修复生境层改良构建方案。

针对边坡土壤理化生特性，结合植被层背景调研信息，研究能够将边坡土壤改良形成满足并促进植被生长需要、抗强降雨冲刷的植生土壤改良材料，构建的生境系统既能在边坡有效建植，又能在边坡保土保水。

种植被生态修复功能结构层及厚度应遵循植被生态修复技术原理，岩质边坡采用功能组合层及厚度为：基质种子层(3cm)+微生物层(3cm)+黏结基质层(5cm)方案，对裸露岩质坡面进行针对性植被生态修复和防护；膨胀土边坡采用功能组合层及厚度：基质种子层(3cm)+微生物层(3cm)+封底基质层(4cm)方案，对裸露膨胀土坡面进行针对性生态防护。植生基材厚度和分层方式设计参数见表7-1。

"3S-OER"配置和分层设计参数　　　　　　　　　　　　表7-1

层次	微生物功能材料	厚度(cm)	最少用量(kg/m²)
岩质边坡			
种子层	生态基质材	3	1.5
微生物层	微生物体系材	3	1.5
基质层	修复剂+基质材	5	1
膨胀土边坡			
种子层	生态基质材	3	1.5
微生物层	微生物体系材	3	1.5
基质层	修复剂+基质材	4	1

3) 兴义环城高速公路边坡植物-微生物自循环增肥技术研究

对边坡土样和未受损区土样进行细菌、真菌、放线菌组成分析，分析细菌、真菌的群落结构。采用针对性培养方法，筛选适合于兴义环城高速公路沿线区域气候、生境条件的固氮、解磷、解钾、降解枯落物等自循环增肥功能型微生物，驯化筛选获得的自循环增肥微生物，优选出高效自循环增肥功能菌。采用国家环境保护创面生态修复工程技术中心/北京旗明中路生态科技公司研发的工程用三种微生物功能基质材进行土壤微生物群落的激活与构建，形成植被-枯落物-土壤之间的物质循环和能量利用系统，科学配比降解枯落物、促进植被生长繁盛等功能菌群，有效提高土壤自肥力，提高功能菌群的活性与代谢速率，进而促进植物的分蘖能力和地下地上根茎的生长速度，保障植被自营养、自循环和后期免养护。

4) 制定兴义环城高速公路边坡三联生态防护工程质量控制标准

依托兴义环城高速公路建设项目，对高速公路边坡进行三联生态防护建植技术工程示范应用，确立专项技术施工质量控制标准。植生层构建严格按照设计要求"533"构建方式，即5cm黏结找平基质层、3cm微生物层、3cm种子层。成分配比需严格按照设计要求和专用产品使用要求进行施工，喷附完成后坡面平整，不能有网外露现象。具体检测标准及方法见表7-2～表7-5。

基质层检测标准及检测方法　　　　　　　　　　　　　　　　　表7-2

检测指标	标准要求	检测方法
pH	6.5～8.5	pH计
团粒结构(%)	≥25	土壤团粒分析仪
硬度	10.0～20.0	硬度计测定
孔隙度(%)	20～40	环刀法
碱解氮含量(mg/kg)	≥50	碱解-扩散法
有效磷含量(mg/kg)	≥5	碳酸氢钠浸提法
速效钾含量(mg/kg)	≥50	火焰光度法
有机质含量(g/kg)	≥20	重铬酸钾氧化法
全氮(g/kg)	≥1	凯氏定氮法

微生物层检测标准及检测方法　　　　　　　　　　　　　　　　表7-3

检测指标	标准要求	检测方法
土壤总菌浓度(cfu/g)	$>1.0\times10^7$	涂布法
土壤蔗糖酶活性[mg/(g·24h)]	≥4.0	3,5-二硝基水杨酸比色法
土壤过氧化氢酶活性[mL/(g·h)]	≥0.18	高锰酸钾滴定法
土壤脲酶活性[mg/(100g·24h)]	≥7.0	苯酚钠-次氯酸钠比色法
土壤磷酸酶活性[mg/(100g·24h)]	≥42.0	磷酸苯二钠比色法

坡面工程质量检测标准及检测方法　　　　　　　　　　　　　　表7-4

项目	标准要求	检测方法
基质喷射厚度偏差(mm)	±10	每1000m² 边坡随机抽取2～3个点进行测试，取其平均值
水土保持状况	无蚀沟	年流失率低于15%
基质收缩裂缝(cm)	≤1	每1000m² 边坡随机抽取2～3个点进行测试，取其平均值
基质剥离状况	无剥离	现场检查

植被群落检测标准及检测方法　　　　　表 7-5

检测指标	标准要求	检测方法
植被覆盖度	1±0.05	样方检测工程项目植被覆盖度/自然植被覆盖度
地上生物量	1±0.05	烘干法样方检测植被地上生物量/自然植被地上生物量
植物群落多样性	1±0.05	实地调查植被群落与自然植被群落 Shannon-Wienner 指数比值
植被生活型	至少符合1种类型组合	Ⅰ型：乔木+灌木+多年生双子叶草本 Ⅱ型：灌木+多年生双子叶草本 Ⅲ型：灌木 Ⅳ型：多年生双子叶草本

7.3.3　与传统技术对比分析

(1)技术含量高，有微生物制剂产品保障恢复构建植被生境，才能构建长效稳定的植物结构，真正实现植被生态功能恢复，形成植被盖度高、减少边坡水土流失、植物护坡固坡，提高边坡防护生态景观效果和安全耐久性。

应用简单绿代和栽植绿化技术下的土壤功能没有恢复、持续肥力差，不能形成植被自然循环，不能保障植物长效稳定，工程效果就是常见的"一年绿、两年黄、三年死光光"。而传统圬工防护一般都是混凝土材料及结构，材料性能低、结构简单，但因边坡地形地质复杂，落地施工困难，施工质量不能很好保障，导致生态景观差、灾害风险大。

(2)施工速度快、效率高，轻型柔性生态防护更适应边坡开挖一级防护一级工程管理要求。边坡防护工程施工工作面条件差，边坡开挖要求及时防护，避免因气象灾害影响。一般绿化见效慢、植被盖度差，圬工都是人工为主，难以应对边坡防护时效性要求。

(3)建立了完善的质量保障技术标准控制体系，包括生态基质材性能要求、配比用量、生态浆体料组成及稠度调控、喷附施工结构层功能要求、植被层功能构建保证、植物结构设计、植被演替及盖度、施工工程控制、工序检验、工程质量验收、工程养护到交工等，均建立技术质保和检验管理规范化标准化程序，专业技术特征明显。

一般绿化管理来源于园林绿化，不能解决边坡绿化特殊问题，如重力侵蚀和雨水侵蚀、立地困难和涵养差等严酷问题，尤其是养护困难问题。坡面绿化应要求植被盖度指标，保证工程防护效果，解决苗木成活率指标偏差较大等问题。而圬工材料和结构都源于其他工程，不能很好解决边坡复杂关键问题等。

（4）工艺与现有装备配伍性好，施工环节保证了专业性，没有增加复杂性。

7.3.4 工程效果关键指标

（1）近自然植被生态修复指标：创面微生物快速恢复植被生态，50d苗期植被盖度60%，100d植被盖度85%以上，半年植被第一次演替盖度90%以上，一年经过冬季和旱季植被二次演替盖度95%以上，经过两年恢复自循环自维持达到自然状态，免人工养护。

（2）水土保持及减少气象地质灾害指标：早期坡面抗蚀及植被防护，能有效达到水保方案要求，在施工期就能达到原植被水保状态，是目前各防护形式最佳水保措施；能有效减缓边坡气象地质灾害发生，大大提升路基边坡抗灾能力，可靠度97%以上。

（3）生境指标和安全性指标：恢复重建植被生境是技术核心，采用微生物功能菌群、生态有基质和土壤生态改良剂等生态技术进行工程应用，在复杂严酷的边坡立地条件上恢复构建土壤生境，通过早期生态修复和植被2年周期演替，边坡生境指标可达到农用地一级标准，包括土壤物理、化学、生物、肥力等指标。

（4）路域小气候环境改善及边坡防护耐久性：良好自然、稳定长效的植被恢复，能起到饱水泌水、保湿保温自然植被作用。与圬工防护相比，减小温度梯度5℃左右，改善小气候环境，有效提高岩土边坡抗风蚀抗雨蚀和抗温缩干缩防护水平，大大提高边坡防护耐久性。

（5）技术经济指标：建设期工程成本与传统的主动防护网+植草、锚杆框格梁+植草、水泥混凝土拱形骨架+厚层客土喷播相比，造价基本相当或略低，全寿命周期费用要低30%以上。

7.3.5 实际工程效果

兴义环城高速公路岩质边坡三联生态防护技术示范工程完成生态防护坡面约9000m², 经过近两年植被演替,坡面抗雨蚀防护效果和生态修复与固坡防护效果良好。

1)坡面抗雨蚀防护效果

采用三联生态技术进行边坡防护,在植被群落形成前,坡面构建具有生物抗蚀作用的基质层,有效抵御了降雨的侵蚀,达到了初期防护效果。项目中期边坡乔、灌、草群落结构已形成,不同植物发达的根系与镶嵌在坡面的植生层紧密结合,植被根土复合体形成高涵养能力的立体防护结构。

施工期已经历一个雨季,植被抗雨蚀系统可以有效减少雨水入渗、减少坡面径流,有效防止边坡水土流失、保证坡面的安全稳定,能够经受后期强降雨考验。

本技术应用于12月初完成施工,越冬进入春季,恢复与重建边坡植被群落系统,群落植物具有较好的多样性,坡面覆盖度达到85%以上,坡面草本与灌木、小乔木混生,坡面群落种类分布均匀,生态景观良好,见图7-8。

图7-8 K34左右岩质坡面植被越冬5月初效果及抗雨蚀抗风化效果

2)生态修复与固坡防护效果

从坡面生长情况上来看,坡面上的植物群落结构配置合理,随着植物群落生长发育,植物根系不断深入边坡土壤深层,植物根系和与其共生的各种土壤动物、土壤微生物的共同作用,将原有坚硬、贫瘠的边坡土壤淀积层和母质层不断熟化,使其进入良性发育过程,从而为植被系统的良性循环提供养分和水分保障，建立稳定的顶级植被群落，达到长期效果，实现坡面植被的安全防护效果。

3）道路生态景观优美

在道路施工期，修复坡面建植的乔、灌、草，郁郁葱葱、花团锦簇。形成绿色基调、花草点缀、风景靓丽的路域生态立体景观带，使兴义环城高速公路原始挖方边坡生态损伤降低，防护效果显著。建成通车后，高速公路景观融入周边自然环境，给高速公路的使用者——驾驶员及乘客等提供优美宜人、舒适和谐的行车环境。

7.4 效益评价

1）经济效益

建设期工程成本与传统的主动防护网+植草、锚杆框格梁+植草、水泥混凝土拱形骨架+厚层客土喷播，造价基本相当，但全寿命周期费用要低30%以上。

运营养护效益：生态防护工程全寿命周期施工成本不突破预算，自然生态可免营运期养护费用；综合防护效果明显好于传统防护形式，生态减排和路域生态景观效益更佳；能够实现机械化施工，比传统圬工防护施工效率高。

2）社会效益

边坡生态防护自然景观美丽，视觉舒适无反差，无传统圬工防护的创面视觉冲击，生态损伤最小，并能提高行车舒适度和安全性；滞尘、减噪、消纳、减排效果明显。

高速公路岩质边坡三联生态防护建植技术针对实际工程的碎石土边坡、弱膨胀红黏土边坡、纯岩质边坡等典型边坡问题，有效解决路基工程面临边坡类型多、稳定性差、强降雨冲刷严重等工程问题。岩质边坡三联生态防护提高了防护安全耐久性，是解决公路建设生态损伤问题、环保减排问题、水土流失问题的实用工程技术，能够提升绿色品质公路建设水平、促进特殊边坡的防护技术进步，其工程价值、生态价值和生态环保社会效益显著。

第8章 喀斯特山区陡坡地段高桩承台施工技术

8.1 技术背景

兴义环城高速公路项目全线设桥梁22748m/64座,桥隧比为56%。桥梁作为公路交通运输的咽喉要道,其安全关系到社会和地区经济协调发展,对人们日常工作生活和社会经济发展起着重要的作用。复杂荷载作用下桥梁的承载特性已成为工程界重要的研究课题之一。基础设计是整个桥梁设计的重要组成部分,基础性能的好坏直接影响整座桥的安全与使用性能。桩承台是桥梁基础常用形式之一,由桩和连接桩顶的桩承台(简称承台)组成,根据承台埋入地面的位置可分为低桩承台基础和高桩承台基础(图8-1)。桩承台具有承载力高、沉降量小而较均匀的特点,几乎适用于各类工程地质条件和各种类型的工程,尤其适用于建筑在软弱地基上的重型建(构)筑物。

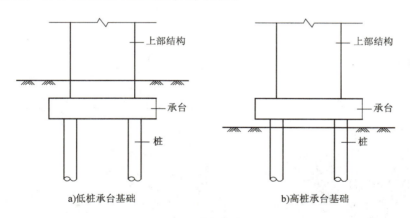

图8-1 桩承台基础

高桩承台基础是指由若干根桩和位于地面以上(或冲刷线以上)的承台所组成的基础结构。桩和承台多由钢筋混凝土制成,在桥梁基础工程中应用甚广。其作用是将上部结构传来的外力通过承台和桩传到较深的地基持力层中去。

与其他形式的基础结构相比,高桩承台基础的主要优点如下:

(1)承载力高。桩基础的作用是将上部结构的荷载传递到深部较为坚硬、压缩性小的土层或岩层上,充分发挥了钢筋混凝土的抗压性能。

(2)抗震性能好。桩基础一般情况下均穿透了液化层,深入密实稳定土层足够长度,大大减轻了液化地基中的建筑震害;此外,桩基础自身较大的刚度也使得其具有良好的抗震性能。

(3)沉降量小。桩的沉降量由桩身弹性压缩、侧摩阻力向下传递,以及引起桩侧土的剪切变形和桩端土体压缩变形形成。由于桩底一般处于坚硬、压缩性小的土层或岩层上,因此其沉降量和土体压缩变形较小。

(4)整体性好。高桩承台基础由上部结构、承台、桩三部分组成,共同抵抗外荷载,具有良好的整体性,从而使高桩承台基础的刚度及稳定性都比较好,有利于抗震、抵抗爆炸冲击波引起的震动等。

(5)适用范围广。由于高桩承台基础的承台位于地面或水面之上,其下部桩布置较为灵活,受到地形地貌约束作用较小。

(6)施工污染小。由于高桩承台基础下部桩施工多采用人工成孔,设备简单,施工现场较干净、噪声小、振动小,对周边环境影响小,且施工速度快,土层明确,柱底沉渣能清除干净,施工质量可靠,因此适用于城市改造和人口密集场地,以及对施工环境保护要求较高的地区。

综上所述,高桩承台基础被广泛应用于桥梁基础中(图8-2)。

图8-2 高桩承台基础在桥梁基础中的应用

基于高桩承台布置基础的灵活多样性和诸多优点，高桩承台基础成为山区桥梁建设的首选。但是在山区桥梁建设过程中，往往需要进行大面积的便道开挖，以便运输混凝土、钢筋、设备和渣土等，而便道开挖对生态环境造成的破坏往往都是不可逆的。交通工程建设引起的生态破坏已成为生态环境恶化的主要原因之一，并且呈现加重的趋势，对环境造成的影响主要表现为大量占用土地、植被破坏、局部地貌破坏、土壤侵蚀等超额破坏生态环境面积、环境污染和生态环境保护工程滞后的问题。桥梁施工现场如图 8-3 所示。尤其是对生态脆弱地带，由于交通工程建设引起的生态环境恶化很难恢复。因此，如何处理好生态脆弱地区交通工程建设与生态平衡之间的关系已成为十分重要而紧迫的课题。兴义环城高速公路项目正好地处山区、城区、自然保护区等多敏感地带，地貌如图 8-4 所示。若桥梁施工仍采用传统的施工方法，则在施工过程中需要进行大面积的开挖，待基础施工完毕后再进行回填，施工过程中开挖、堆土、弃土等问题将造成一定程度上不可修复的环境破坏，尤其是生态脆弱地区的施工，对环境的影响将是致命的。因此，针对生态脆弱环境地区制订科学合理的施工方法，在保障施工工期和质量的同时，将环境影响降至最低，具有重要的经济价值和环保意义。

图 8-3　桥梁施工现场

图 8-4　兴义地形地貌示意图

针对兴义环城高速公路桥梁建设所面临的特点和难点，本项目将施工和环境保护有机结合，提出一种生态脆弱地区桥梁低扰动绿色施工方法，该方法具有重要的研究和应用价值。一方面，方法中所应用的微创施工技术可以避免大面积的开挖，在保障工期和施工质量的同时降低了成本，有效地减少了对周边环境的破坏，具有重要的社会意义和环保意义；另一方面，通过建立三维分线性有限元分析模型，得到高桩承台基础在复杂荷载作用下的承载力特性，为高桩承台基础的设计和计算以及后期监测提供了参考。

8.2 技术概要

桥隧比高是兴义环城高速公路的一大特点，公路地处高山峡谷地区和生态敏感区，对于大量的桩基础，如采用传统桩基础施工技术方案，势必会造成大量占用土地、山体开挖、植被破坏、地貌破坏、土壤侵蚀等环境问题，对自然环境造成严重的破坏，如何处理好生态脆弱地区建设与生态平衡之间的关系是一个十分重要而紧迫的课题。高桩承台基础由于强度高、承载力大、耐久性好、沉降量小、施工周期短、适应性强等优点，在我国的桥梁工程结构中得到了广泛应用。但是在生态脆弱地区，除了保障工程建设质量外，还要将对环境的影响降到最低，因此对高桩承台基础的施工工艺提出了较高的要求。本章针对生态脆弱地区的地形地貌，提出一套高桩承台基础微创施工技术，在保障工程质量的同时，极大地减少施工对环境的影响。

8.3 示范工程应用

8.3.1 高桩承台低扰动施工设计

兴义地处贵州省黔西南布依族苗族自治州，岩溶发育完好且多为 V 形峡谷区，石漠化严重，兴义环城高速公路 V 形峡谷区的 2 座桥的断面图如图 8-5 和图 8-6 所示。因此，如采用传统的高桩承台施工技术，则对周边环境的破坏非常严重。同时，兴义环城高速公路周边村庄较多，沿线乡道、县道多，在不影响施工进度情况下还要考虑保证既有道路的畅通。

图 8-5　利头大桥部分桩基示意图

图 8-6　传统高桩承台施工挖方量示意图

考虑到环境保护、交通保畅和生产进度等诸多因素,本项目采用实地勘测+无人机测绘技术,结合 BIM 信息化技术,在充分调研论证的情况下,对利头大桥高桩承台基础的设计方案和施工方案进行优化调整,如图 8-5 所示。采用传统施工方案 1 时,需要对边坡进行开挖、修坡、支护等;采用方案则仅需对孔周边进行清土即可,可大大减少挖方量和开挖对周边环境的扰动,同时减少了弃渣量。

如图 8-6 所示,以单个临路高桩承台基础为例,若采用传统高桩承台基础施工方案,则需要进行土方开挖,单个开挖量 283.9m³,如同时考虑支护、渣土清运、植被恢复等成本,单个高桩承台基础的施工成本将大幅增加,且施工对环境的破坏影响无法估量。

图 8-7 为利头大桥高桩承台基础施工前后环境对比。可以看出,高桩承台基础施工完成后,由于采用了低扰动施工技术,对周边环境破坏较小,因此周边环境恢复较快,这对于生态脆弱地区来说具有重要的环境保护和社会意义。

图 8-7　利头大桥高桩承台施工前后环境对比

8.3.2　低扰动桩基开挖施工技术研发

兴义环城高速公路地处典型喀斯特地貌区，且场区岩体节理、裂隙较为发育。桩基施工的质量及进度直接影响整个工程的安全和进度。由于桩基场区多位于 V 型峡谷地带，因此大型施工机械无法应用，采用传统人工开挖，则施工效率低，且多处桩基长度较长，施工风险大。

本项目针对兴义环城高速公路桩基施工存在的特点和技术难点，提出了一种采用低扰动雷管爆破与水磨钻相结合的施工工艺。用水磨钻沿桩基周围掘进一圈后，再通过秒雷管微震爆破技术对桩基中心区域进行爆破施工，有效控制了爆破范围及爆破扰动对周边地质结构的影响，在大大提高施工效率的同时又避免了对周边环境的影响，实现了桩基的高效、绿色施工。秒雷管微震爆破施工现场如图 8-8 所示，水磨钻施工现场如图 8-9 所示。

图 8-8　秒雷管微震爆破施工现场

图 8-9 水磨钻施工现场

8.3.3 高桩承台基础力学性能有限元分析

1）概述

在工程结构设计和优化中，常常运用数学和力学的知识将实际问题抽象为它们应遵循的基本方程和边界条件。但是对于大多数的实际工程技术问题，由于物体的几何形状和实际荷载作用方式复杂，只有极少数方程性质简单、几何边界条件相当规则的问题可以按照经典的弹性力学和塑性力学方法获得解析解，大多数问题获得解析解是非常困难的。为了解决这种问题，学者们提出了数值解法，如有限单元法、有限差分法、边界元法和离散元法等。由于有限元法具有坚实的理论基础和处理复杂工程问题的能力，因此在工程设计中得到了广泛的应用。

有限元法的基本思想是将一个连续变化的求解区域进行离散化，即把求解区域分割成彼此用节点相互联系的有限个单元，在单元内假设近似解的插值多项式，用有限个节点上的未知参数来表示单元特征，然后用适当的方法将各个单元的关系组合成包含这些未知数的方程组，求解方程组即可得到各节点处的未知参数并利用插值函数求解出近似解。有限元方法发展至今已有几十年的历史，随着有限元方法的不断完善和计算机计算的不断发展，一些通用有限元分析软件如 ANSYS、ABAQUS、SAP2000 等已经在土木工程领域中得到了广泛应用，在解决结构非线性问题分析中取得了较大的突破，能较为真实地反映出结构在荷载作用下的应力-应变开展规律。

本项目基于大型通用有限元分析软件 ANSYS，建立了高桩承台三维非线性有限元模型,进行了低桩承台基础、对称高桩承台基础、非对称高桩承台基础在静力荷载和动力荷载作用下的数值模拟,以明晰其受力机理和变形规律。

2)材料本构模型

(1)混凝土本构模型。

混凝土是以水泥为胶凝材料的多组分多相非均匀质的非线性材料,对于混凝土强度的形成、破坏过程和破坏机理等问题都是非常复杂的,迄今为止尚无一种理论能够完全准确地描述混凝土的本构关系。目前已提出的混凝土本构模型主要有线弹性理论、非线性弹性理论、弹塑性理论、黏弹性理论、黏塑性理论、损伤力学理论、断裂力学理论和内时理论等,其中研究最多的是非线性弹性和弹塑性本构关系。

混凝土的破坏与混凝土的应力-应变状态密切相关,混凝土的破坏准则就是描述混凝土破坏时其应力-应变状态满足的条件。由于混凝土受集料、水泥灰的物理和力学性质以及约束条件的影响,混凝土的变形行为非常复杂。国内外学者对混凝土破坏准则的研究已有较长的时间,在理论分析和试验研究的基础上提出了相应的破坏准则。现有的混凝土破坏准则分为古典准则[最大应力准则、最大应变理论、Mohr-Coulomb(MC)内摩擦准则、Drucker-Prager(DP)破坏准则及八面体剪应力理论]和近现代准则(即考虑多参数的混凝土破坏准则)多参数准则根据参数的变化量主要分为三参数模型、四参数模型和五参数模型。

混凝土的破坏准则直接影响到非线性有限元分析结果的准确与否,有限元分析软件 ANSYS 对混凝土的破坏准则采用了 Drucker-Prager 破坏准则和参数模型。已有的试验研究和有限元分析结果表明,对于混凝土结构分析,采用五参数破坏准则得到的结果比采用 Drucker-Prager 破坏准则得到的结果更为真实地反映出核心混凝土在复杂受力状态的应力-应变状态。因此,本文对混凝土的破坏准则采用五参数模型,其破坏面的表达式见式(8-1)。

$$\frac{F}{f_c} - S \geq 0 \quad (8\text{-}1)$$

式中:F——单元应力状态函数,相当于单元的等效应力,可以表示为不同应力状态下的主应力函数;

S——由五参数表示的破坏曲面函数。

这五个参数为:混凝土的单轴极限抗拉强度 f_t、单轴极限抗压强度 f_c、双轴

极限抗压强度 $f_{cb} = 1.2f_c$、静水压力状态下的双轴抗压强度 $f_1 = 1.45f_c$、静水压力状态下的单轴抗压强度 $f_2 = 1.725f_c$。

混凝土在单轴、双轴或三轴压应力作用下，如果某个积分点满足破坏准则，则认为该点被压碎，压碎点的刚度为零，该积分点所控制的区域也就丧失了全部强度，计算时应不考虑此点对单元刚度的贡献。由于混凝土抗拉强度很低，只有其抗压强度的 1/20~1/10 左右，如在混凝土非线性有限元计算分析中考虑混凝土压碎，计算会因为混凝土开裂而引起结果难收敛；此外，节点核心区混凝土处于三轴受力状态，提高了混凝土的强度和延性，所以在计算中未考虑混凝土破碎。

（2）土体本构模型。

对于岩土本构模型，根据其受力特点和发展时间，主要有线弹性模型、Duncan-Chang（DC）模型、Mohr-Coulomb（MC）模型、Drucker-Prager（DP）模型以及修正剑桥（MCC）模型，其中 DP 模型对 MC 模型的屈服面函数作了适当的修改，采用圆锥形屈服面来代替 MC 模型的六棱锥屈服面，如此易于程序的编制和进行数值计算。DP 模型存在与 MC 模型同样的缺点，相对而言，在模拟岩土材料时，MC 模型较 DP 模型更加适合。MC 模型是一种弹-理想塑性模型，它综合了胡克定律和 Coulomb 破坏准则，模型有 5 个参数，即控制弹性行为的 2 个参数：弹性模量 E 和泊松比 v，及控制塑性行为的 3 个参数：有效黏聚力 c、有效内摩擦角和剪胀角。MC 模型采用了弹塑性理论，能较好地描述土体的破坏行为但却认为土体在达到抗剪强度之前的应力-应变关系符合胡克定律，因而并不能较好地描述土体在破坏之前的变形行为，且不能考虑应力历史的影响及区分加荷和卸荷。故 MC 模型能较好地模拟土体的强度问题，MC 模型的六棱锥形屈服面与土样真三轴试验的应力组合形成的屈服面吻合得较好，因此 MC 模型适合于低坝、边坡等稳定性问题的分析。

3）有限元模型参数

本项目建立的有限元模型以兴义环城高速公路凹字头大桥的高桩承台技术参数为依据，兴义环城高速公路位于贵州省西南部高原山区，属中低山溶蚀地貌类型，地势总体北高南低，属岩溶化峰丛洼地、峰林谷地山原地貌。地质勘察结果表明：场区上覆土层为第四系堆积层（Q^c）块石土、冲洪积层（Q^{al+pl}）卵石土及残坡积层（Q^{el+dl}）粉质黏土，下伏基岩为三叠系中统关岭组二段（T_2g^2）灰岩夹泥岩。

在建立高桩承台基础有限元模型时，考虑到材料的非线性和几何模型的非线性，本文共选取了4种单元用于有限元模型的建立。其中，混凝土采用SOLID95单元，岩土采用SOLID65单元，混凝土与岩土之间的接触采用Targe170和Conta174单元。

（1）SOLID95单元。

SOLID95是SOLID65（三维8节点）的高阶单元形式，能够允许不规则形状，并且不会降低精确性，特别适合边界为曲线的模型，同时，其偏移形状的兼容性好。SOLID95单元有20个节点定义，每个节点有3个自由度（X、Y、Z方向），此单元在空间的方位任意，具有塑性、蠕变、辐射膨胀、应力刚度、大变形以及大应变的能力。SOLID95的几何形状、节点位置、坐标系如图8-10所示。

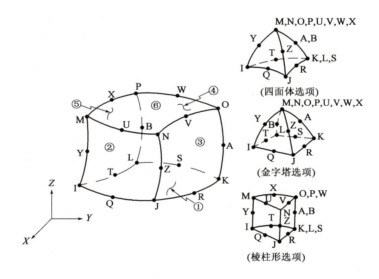

图8-10　SOLID95单元几何模型

（2）SOLID65单元。

SOLID65单元可用于含钢筋或不含钢筋的三维实体模型，该实体模型可具有拉裂与压碎的性能。如图8-11所示，此单元通过8个节点来定义，每个节点有3个自由度（X、Y、Z方向），具有塑性、蠕变、膨胀、应力强化、大变形和大应变能力。SOLID65单元最重要的方面在于其对材料非线性的处理，可模拟混凝土的开裂（三个正交方向）、压碎、塑性变形及徐变，还可模拟钢筋的拉伸、压缩、塑性变形及蠕变，但不能模拟钢筋的剪切性能。

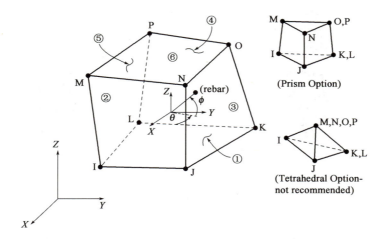

图 8-11 SOLID65 单元几何模型

（3）Targe170 单元。

此单元用来定义一个三维目标面与接触单元（Conta173、Conta174、Conta175、Conta176 和 Conta177）形成接触对，接触单元本身覆盖在实体、壳、梁等单元的表面，代表着与潜在的目标面（由 Targe170 定义）相对应的变形实体边界。目标面的形状可以通过三角形、圆柱面、圆锥面、球面及控制节点来描述，用于模拟混凝土与岩土之间的相互作用。

（4）Conta174 单元。

Conta174 单元被用来定义一个三维目标面（目标单元 Targe170）和一个由该单元定义的变形之间的接触和滑移，用于结构接触分析和耦合场接触分析。Conta174 单元与所连接的实体、壳、梁单元的表面具有相同的几何特性，当单元表面到指定的目标面上的一个目标单元时就会发生接触，单元允许出现库仑力和摩擦剪应力。

4）有限元分析结果

（1）低桩承台基础有限元分析结果。

图 8-12～图 8-15 为全承台与地面无接触状态在静力荷载作用下的位移分布图。可以看出，最大位移发生在承台处，其竖向位移值为 1.4mm，而横向位移（X 和 Y 向）和竖向位移（Z 向）位移值在 0.013～0.14mm 范围内，说明在静力荷载作用下，承台出地面型桩基的受力和变形能力较好，符合设计规范要求。

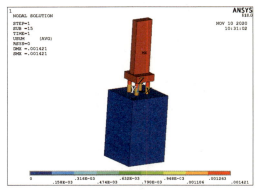

图 8-12　有限元分析结果总位移图

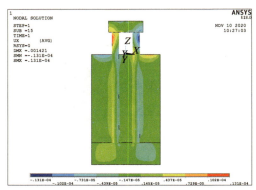

图 8-13　有限元分析结果 X 向位移图

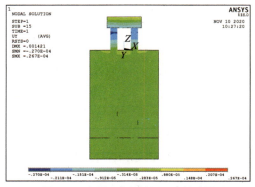

图 8-14　有限元分析结果 Y 向位移图

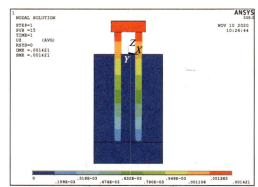

图 8-15　有限元分析结果 Z 向位移图

（2）对称高桩承台基础有限元分析结果。

图 8-16～图 8-20 为对称高桩承台基础在静力荷载作用下的 Von-mises 应力分布图。可以看出，最大应力为 1.51MPa，发生在承桩基下端部，小于混凝土屈服强度；最大位移为 1.42mm，发生在桩与地面交界处，说明岩土对桩具有一定限制作用。

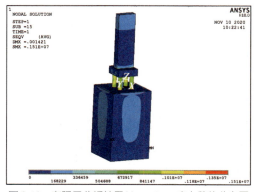

图 8-16　有限元分析结果 Von-mises 应力整体分布图

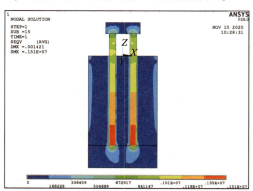

图 8-17　有限元分析结果桩身 Von-mises 应力图

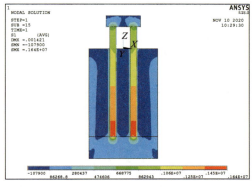
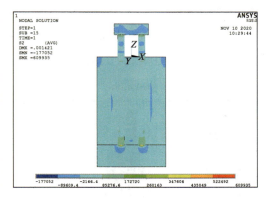

图8-18　有限元分析结果第一主应力分布图　　图8-19　有限元分析结果第二主应力分布图

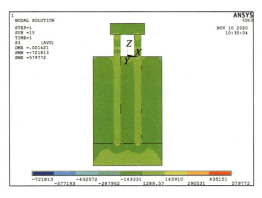

图8-20　有限元分析结果第三主应力分布图

图8-21和图8-22为桩身与岩土的接触应力和滑动位移分布情况。可以看出，桩身与岩土的接触应力为0.49MPa，滑动位移为1.11mm，发生在桩与地面交界处，说明桩与岩土之间的滑动较小。

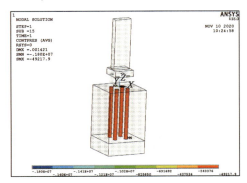
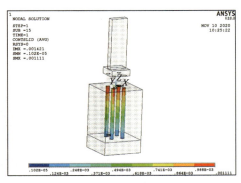

图8-21　有限元分析结果桩身与土体接触应力分布图　　图8-22　有限元分析结果桩身与土体滑动位移分布图

069

(3)斜坡高桩承台基础有限元分析结果。

图 8-23 ~ 图 8-27 为斜坡高桩承台基础 Von-mises 应力分布图。可以看出，最大应力为 3.53MPa，应力主要沿桩身至桩底，分布较为均匀，桩身周围土体的应力为 0.39MPa，说明桩身与岩土之间发生了一定的相对作用。

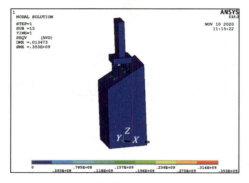

图 8-23　有限元分析结果 Von-mises 应力分布图　　图 8-24　有限元分析结果桩身 Von-mises 应力分布图

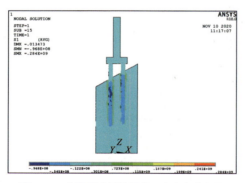
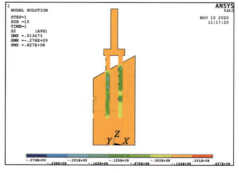

图 8-25　有限元分析结果第一主应力分布图　　图 8-26　有限元分析结果第二主应力分布图

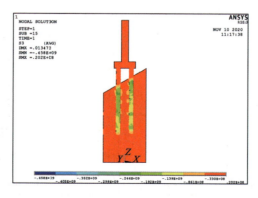

图 8-27　有限元分析结果第三主应力分布图

图 8-28～图 8-31 为斜坡高桩承台基础位移分布图，可以看出，相比于普通高桩承台基础，斜坡高桩承台基础的位移要大很多，最大位移为 13.5mm。其原因在于坡脚位置对桩身的约束作用太小，导致受力不均匀，但整体位移满足设计要求。

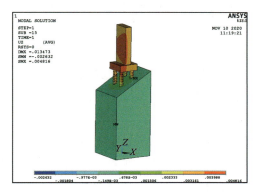

图 8-28　有限元分析结果整体位移分布图

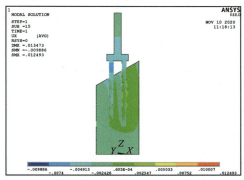

图 8-29　有限元分析结果 X 方向位移图

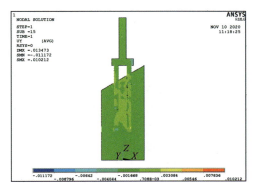

图 8-30　有限元分析结果 Y 方向位移图

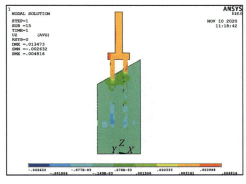

图 8-31　有限元分析结果 Z 方向位移图

图 8-32～图 8-34 为斜坡高桩承台基础桩身与土体之间的位移与应力图。可以看出，由于桩身约束的非对称性，在荷载作用下，桩身产生位移的同时挤压土体，导致土体间法向位移为 28.8mm，滑动位移 7.2mm；由于桩土间相互作用，导致桩土间产生了较大的摩擦力，最大摩擦力为 14.6MPa。

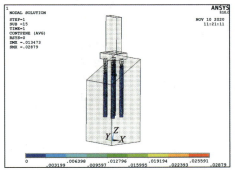

图 8-32　有限元分析结果桩土间法向位移图

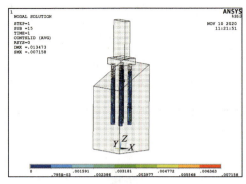
图 8-33 有限元分析结果桩土间滑动位移图

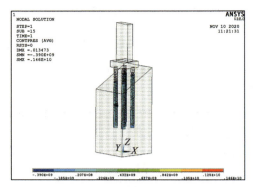
图 8-34 有限元分析结果桩土间摩擦力图

(4)斜坡非对称高桩承台基础有限元分析。

图 8-35～图 8-40 为斜坡非对称高桩承台基础位移、应力分布图。可以看出,最大位移为 21.6mm,最大应力为 5.14MPa。由于承台一端坐落在岩土上,使得靠近岩土端的桩身约束作用较强,因此其位移较小;而悬空端的桩由于受到约束作用较小,从而产生较大的位移。

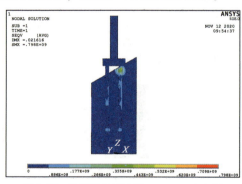
图 8-35 有限元分析结果 Von-mises 应力图

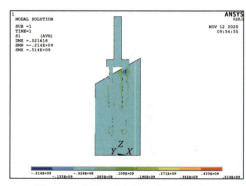
图 8-36 有限元分析结果第一主应力图

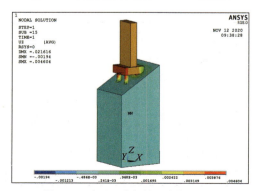
图 8-37 有限元分析结果整体位移图

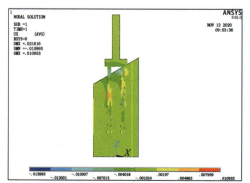
图 8-38 有限元分析结果 X 方向位移图

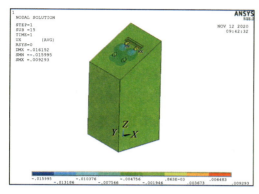 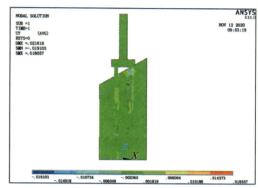

图 8-39　有限元分析结果 Y 方向位移图　　图 8-40　有限元分析结果 Z 方向位移图

图 8-41 和图 8-42 为斜坡非对称高桩承台基础桩身与岩土间法向与滑动位移。可以看出，相比于前几类高桩承台基础，斜坡非对称高桩承台基础桩土间位移较大。其原因在于承台部分埋入岩土中，由于约束的不对称作用，导致产生倾覆力，使得承台受力不均匀，大大增加了桩身对土体的侵彻作用。

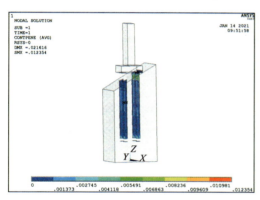 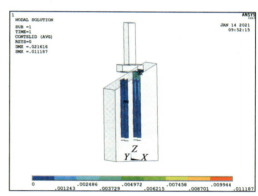

图 8-41　有限元分析结果桩土间法向位移图　　图 8-42　有限元分析结果桩土间滑动位移图

8.4　效益评价

本项目针对兴义环城高速公路项目桥梁施工存在的特点和难点，结合新技术、新材料、新装备等实现了生态脆弱地区桥梁施工的安全、高效、绿色施工，具有重要的安全、经济和社会意义。具体结论如下：

（1）采用高桩承台基础低扰动施工+BIM技术，实现山区桥梁桩承台基础最小面积开挖，相比于传统承台基础施工技术，高桩承台基础低扰动施工技术对单个承台施工可减少开挖量283.9m³，在节约施工成本和工期的同时也大大降低了对环境的破坏。

（2）针对峡谷地区出渣和运渣存在的难点，本项目针对性地提出了陡峭地形条件桥梁下部结构施工渣土智慧运转施工方法，大幅节约了施工成本，减小了对环境的破坏和污染。以凹字头大桥为例，相比于便道开挖转运渣土方案，本工法施工节约成本28.8万元，工期15d，具有重要的经济和环保效益。

（3）针对高山峡谷地区高桩承台基础的力学性能，本项目建立了三维非线性有限元模拟，对不同边界条件、不同荷载工况下的高桩承台基础的力学性能进行了分析。结果表明，所有工况下，斜坡非对称高桩承台基础的受力和变形最大，但均远小于规范限制，说明高桩承台基础具有较高的承载力和变形能力。

（4）本项目技术的实施，使兴义环城高速公路项目实现了桥梁安全、高效、绿色施工，在降低施工成本、施工难度和施工工期的同时，大大地减小了施工对周边环境的破坏与污染，对生态脆弱地区的生态环境保护起到了较好的示范作用，为类似工程的施工提供了借鉴和参考，具有较好的应用前景。

第9章　特大桥索塔预应力混凝土横梁预制装配化技术

9.1　技术背景

目前索支承桥梁的混凝土索塔施工中，索塔横梁均采用现浇施工法；一般情况下，下横梁采用落地支架现浇施工，而中、上横梁则采用高空牛腿+贝雷梁支架现浇施工。由于横梁的现浇施工与索塔塔柱的施工往往不能并行作业，因此索塔横梁施工存在占用工期长、施工高位支架措施费用高、施工作业安全风险大等问题，已经成为索塔施工组织中的痛点和难点。

液压同步整体提升技术是一种将原位于空中的大跨度结构在低处拼装成整体，依靠临时提升平台作为提升承力点，采用柔性钢绞线作为提升索，通过计算机智能控制的液压千斤顶作为动力装置，将拼装好的整体结构从低处拼装台垂直提升至高空预定位置就位安装的施工方法。该方法能有效提升工程品质、安全质量，文明施工水平和缩短施工周期。液压同步整体提升技术自20世纪90年代配合上海东方明珠电视塔塔顶天线整体提升施工引入我国后，在大跨度屋盖整体提升安装、高层建筑空中连廊整体提升安装、大跨度拱桥主拱圈分段整体提升安装等特定类型项目施工中得到广泛应用。

基于绿色建造的发展理念，将上述原理用于建筑工程中的大型钢结构装配化快速施工技术推广至混凝土索塔施工中，发展出混凝土横梁主体在地面胎架预制（构件外观、质量更优）+液压整体提升至施工高度（减少周转材料和机械的投入）+两侧塔梁接缝段快速现浇合龙（节约人工、节省工期、减少施工风险、保护环境）的索塔预应力混凝土横梁预制装配化的快速施工方法，可实现高质量、高效率的可持续发展，是解决目前索塔横梁施工痛点和难点问题的一种良好思路。研究索塔横梁预制装配化成套施工技术，能够解决目前斜拉桥与悬索桥的混凝土索塔施工中的横梁施工占用工期长、施工临时支架措施费用高、高空作业安全风险大的问题，可为桥梁装配化快速施工拓展新的应用范围并提供可靠的标准工艺和施工装备。

9.2 技术概要

9.2.1 技术内容

（1）采用钢筋快速连接装置的索塔混凝土横梁预制装配接缝构造及预应力设计优化。

（2）超大吨位索塔混凝土横梁预制段液压同步整体提升施工安全分析。

（3）基于BIM技术的索塔混凝土横梁预制装配化虚拟施工的研究。

9.2.2 技术特点

1）施工周期短

通过混凝土横梁现浇施工与索塔塔柱施工并行作业，缩短横梁现浇施工工期将近30%。同时该施工方法受天气影响小，受气象条件影响而导致的工期损失要明显低于支架现浇法。

2）节约成本

由于横梁现浇作业不再在高空进行，大量减少了高空现浇作业混凝土方量，减少的混凝土用量达到70%；取消传统横梁施工所设置的大型临时支架，可降低临时措施费用近50%；同时大量减少高空无防护作业量，极大降低施工人员安全风险。

3）绿色环保

在索塔横梁段预制时，该技术可有效地避免大量的高空现浇作业，能够节约建筑用水、保护环境，还能有效减少施工风险；利用液压机将其整体提升至施工高度，既加强了绿色施工中新技术、新工艺、新设备的应用，又保证了整个施工过程的安全性；可以实现整个施工过程工程建设低消耗、低排放、高质量和高效益，并且提高了建造水平和建筑品质，符合全面体现绿色的要求，有效降低建造全过程对资源的消耗和对生态环境的影响，减少碳排放，可以整体提升建造活动绿色化水平。

9.3 示范工程应用

9.3.1 主要研究与应用内容

1)超大吨位索塔混凝土横梁预制段液压同步整体提升施工安全分析

混凝土横梁预制段整体提升施工中,主体结构与临时结构的施工安全性是项目研究和示范工程应用的关键技术问题之一。针对该问题进行了如下研究和应用。

(1)混凝土横梁预制段提升安全分析。

利用通用有限元分析软件 SAP2000 的专用桥梁分析模块建立中横梁预制段的三维有限元分析模型(图 9-1)。

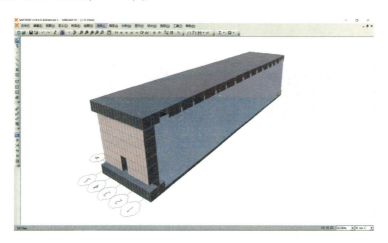

图 9-1 中横梁预制段板壳单元三维模型(未计入边跨 T 梁支撑块)侧视图

按照《工程结构可靠性设计统一标准》(GB 50153—2008)规定,峰林特大桥横梁预制段提升施工中结构重要性系数取值为 1.0。按照《公路桥涵设计通用规范》(JTG D60—2015)的相关荷载组合规定确定支架分析工况(承载能力极限状态验算),结构重要性系数取 1.0。

组合 1:1.05 自重 +1.0 风荷载 +0.7 活荷载 +0.7 均匀升温;

组合 2:1.05 自重 +1.0 风荷载 +0.7 活荷载 +0.7 均匀降温;

忽略温度场分布对横隔板的影响作用,仅在竖向荷载和风荷载作用下,分析得到中横梁预制段在提升状态下的板壳应力分析结果，如图 9-2 ~ 图 9-4 和表 9-1 所示。

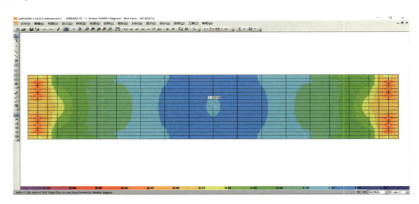

图 9-2　中横梁预制段在提升状态下的底板最大拉应力云图

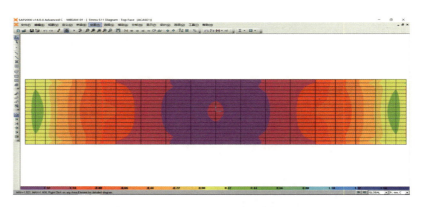

图 9-3　中横梁预制段在提升状态下的顶板最大压应力云图

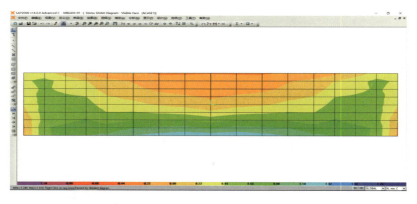

图 9-4　中横梁预制段在提升状态下的腹板最大主应力云图

中横梁预制段在提升状态下的最大主应力　　　　表9-1

中横梁预制段	最大拉应力(MPa)	最大压应力(MPa)
横梁顶板	0.67	-1.36
横梁底板	1.51	-0.61
横梁腹板	1.46	-1.24

注：以上数据均未考虑局部尖点的应力极大值。

从分析结果可以看出，中横梁预制段在整体提升状态下的挠曲变形微小，提升状态下的板壳最大主应力在考虑1.2的施工安全系数情况下，能满足混凝土抗拉强度设计值要求。

（2）提升施工中索塔安全风险分析。

采用三维板壳单元模拟索塔塔壁、下横梁、中横梁，利用钢管截面梁模拟拉压横向支撑，利用型钢梁模拟临时提升支架；考虑两侧塔柱受力的对称性，利用通用有限元分析软件SAP2000的专用桥梁分析模块建立一侧索塔塔柱和已施工横梁的半幅结构的三维有限元分析模型（图9-5）。

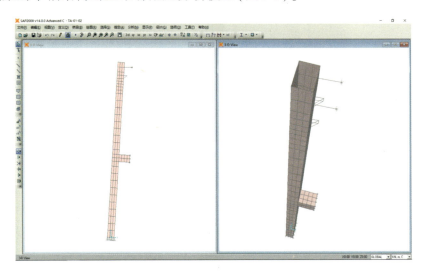

图9-5　中横梁预制段整体提升时塔柱受力的三维模型侧视图

考虑提升冲击对塔柱的影响作用，在竖向提升荷载和塔柱自身恒荷载作用下，分析得到在横梁预制段提升施工时的塔柱板壳单元应力分析结果如图9-6～图9-8和表9-2所示。

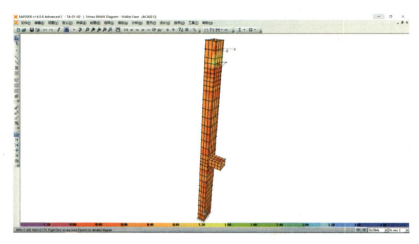

图9-6　在中横梁预制段提升状态下的塔柱最大主应力云图

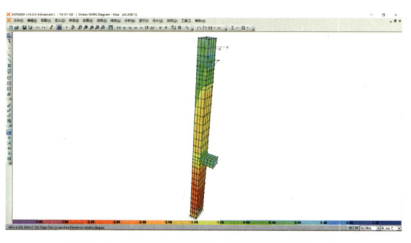

图9-7　在中横梁预制段提升状态下的塔柱最小主应力云图

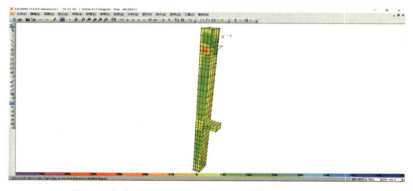

图9-8　在中横梁预制段提升状态下的塔柱最大剪应力云图

在中横梁预制段提升状态下的塔柱最大主应力　　　　表9-2

中横梁预制段	最大拉应力（MPa）	最大压应力（MPa）
提升支架位置	1.47	-0.46
中塔柱段	0.21	-1.81
下塔柱段	—	-4.24

注：以上数据均未考虑局部尖点的应力极大值。

分析结果可以看出，在中横梁与上横梁预制段整体提升状态下塔柱侧向挠曲变形较小，提升状态下的塔柱板壳最大主应力在考虑1.2的施工安全系数情况下，能满足混凝土抗拉强度设计值要求。

（3）提升牛腿安全风险分析。

提升吊点处为牛腿支撑，形式为5牛腿设计。水平牛腿和斜牛腿均采用组合钢箱型截面。牛腿上方放一根提升梁，放置提升设备。在SAP2000分析模块中用线单元建立提升吊点的三维有限元分析模型（图9-9）。

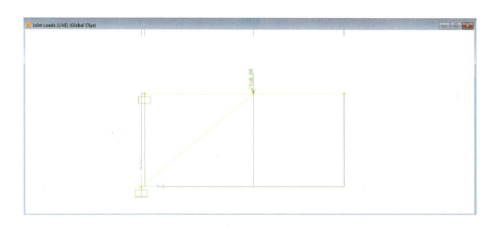

图9-9　提升牛腿三维有限元分析模型侧视图

提升吊点提升重力为15000kN，平均分配到两侧吊点处，一侧吊点承受其一半的荷载，即7500kN。在5牛腿设计中，将其平均分配到4个吊点上，中牛腿最大承受荷载为2450kN，以节点荷载形式作用于牛腿水平杆与斜撑连接节点处。提升吊点牛腿结构应力比图如图9-10所示。

牛腿构件最大应力比0.758＜0.95，满足安全性控制要求。结构不存在明显的受力安全风险。

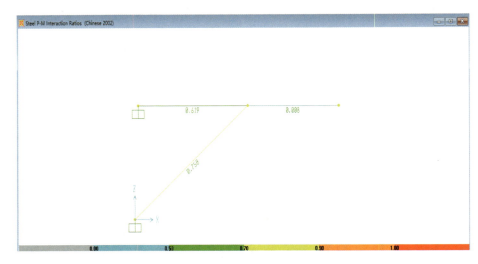

图 9-10　提升吊点牛腿结构应力比图（最大应力比 0.758）

2）采用钢筋快速连接装置的索塔混凝土横梁预制装配接缝构造及预应力设计优化

混凝土横梁预制段提升就位后，接缝段混凝土现浇施工和预应力张拉是项目研究的重点内容之一，针对相关问题和研究成果进行了如下示范工程应用。

（1）接缝现浇段处混凝土的早期裂缝。

横梁预制段与塔柱间接缝现浇段，由于浇筑混凝土龄期问题，水泥水化造成的化学收缩和物理收缩引起现浇段浇筑混凝土体积的变化，新旧混凝土的粗集料与砂浆界面上产生了分布极不均匀的拉应力，足以破坏粗集料与砂浆的界面，形成许多分布很乱的界面微裂纹。同时由于混凝土成型后的泌水作用，某些上升的水分为粗集料颗粒所阻止，硬化后容易形成界面裂缝。

当接缝现浇段混凝土受到外力作用产生内部拉应力场时，就容易在具有几何形状为楔形的微裂缝顶部形成应力集中，导致微裂缝的进一步延伸、汇合、扩大，最后形成可见的早期裂缝，对预制装配化横梁施工质量产生显著影响。

（2）新型钢筋快速连接构造的应用。

为了减缓新旧混凝土的界面开裂，提升接缝处构造的性能，示范工程施工中采用了新发明的索塔混凝土横梁预制拼装施工的现浇接缝段施工的快速锁定连接构造(图 9-11)。该连接构造将索塔中和横梁预制段中的水平钢筋都锚固在双井字平面预埋框架式劲性骨架上,横梁预制段就位合龙时,跨越现浇接缝的水平钢梁连接两侧的双井字平面预埋框架式劲性骨架,形成稳固的空间整体式钢框架,整体式钢框架代替现浇连接段的钢筋,直接作为现浇接缝段施工模板的支撑骨架。

新型钢筋快速锁定连接构造的应用不仅极大简化了钢筋连接施工作业难度,取消了施工中的临时抗风装置;同时由于双井字平面预埋框架式

图 9-11 索塔横梁新施工工艺示意图

劲性骨架可以为新浇筑混凝土提供有效的界面黏结力,从而使得新旧混凝土界面微裂纹发育得到限制,同时劲性骨架在横梁早期受力时提供有效帮助,可降低早期混凝土内部应力场峰值,因此可间接阻止早期裂缝的形成。示范工程应用情况证明,新型连接构造对接缝混凝土早期裂缝控制有较好的作用。

(3) 新型玄武岩纤维混凝土的运用。

① 材料及其配合比。

选用的原材料为砂、碎石、水泥、硅粉、粉煤灰、玄武短切纤维、减水剂。为保证工程质量,应选用优质原材料,并满足各项设计及规范要求。短切玄武岩纤维如图 9-12 所示,微硅粉如图 9-13 所示,玄武岩纤维混凝土配合比如表 9-3 所示。

图 9-12 短切玄武岩纤维

图9-13 微硅粉

玄武岩纤维混凝土配合比　　　　　　表9-3

原材料名称	规格型号	混凝土用量（kg/m³）
水泥	P·O 42.5	387
砂	0~5mm	872
碎石	5~25mm	984
掺和料1	Ⅰ级粉煤灰	45
掺和料2	SF-95硅粉	18
水	马岭河河水	144
减水剂	KJ-A	5.4
玄武岩纤维	BFCS-17-(215-235)-18-0	4.5

②玄武岩纤维混凝土试验。

确定基准混凝土试验检测指标混凝土工作性、抗压强度、抗弯拉强度、抗弯挠度试验等；再分别以5个递增点确定试配掺量进行配合比试验即：1.5kg/m³、2.5kg/m³、3.5kg/m³、4.5kg/m³、5.5kg/m³。28d抗弯拉强度如图9-14所示，28d抗弯挠度如图9-15所示。

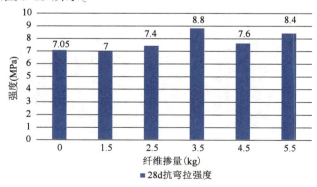

图9-14 28d抗弯拉强度

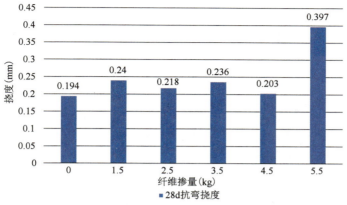

图9-15 28d抗弯挠度

③示范工程应用试验结论。

a. 在接缝段施工中采用玄武岩纤维混凝土，大幅提高了混凝土的耐久性，延长了工程寿命，保护环境、节约能源效果显著。

b. 玄武岩纤维混凝土的使用相较于普通混凝土构件，裂缝少，能提高其整体刚度，可节省后期管养总体成本 30%～40%。

（4）预应力束张拉控制调整的应用。

中横梁设 44 束 15.2mm 预应力钢束。由于预制装配化横梁的实际受力状态与现浇支架施工的中横梁不同，为了适应横梁预制段两端悬吊受力状态，对设计预应力束张拉顺序进行调整：先张拉中横梁下部预应力束，对称张拉；下部预应力筋全部张拉完，再张拉上部预应力束。

对峰林特大桥中横梁预制段的湿接缝浇筑完成后，调整张拉顺序进行预应力束张拉后，中横梁预制段的应变监测数据如表 9-4 所示。

峰林特大桥中横梁湿接缝浇筑完成后中横梁应变测试记录表　　　表9-4

测点	测试工况	初始应变值	实测应变均值	应力实际值（MPa）	应力理论值（MPa）
1	湿接缝养护	3726	3617	-3.76	-5.84
2	湿接缝养护	3758	3661	-3.35	-5.84
3	湿接缝养护	3698	3571	-4.38	-5.84
4	湿接缝养护	3704	3592	-3.86	-5.84
5	湿接缝养护	3567	3519	-1.66	-3.16
6	湿接缝养护	3576	3521	-1.90	-3.16
7	湿接缝养护	3766	3715	-1.76	-3.16

续上表

测点	测试工况	初始应变值	实测应变均值	应力实际值（MPa）	应力理论值（MPa）
8	湿接缝养护	3655	3591	-2.24	-3.16
9	湿接缝养护	3653	3583	-2.03	-3.16
10	湿接缝养护	3621	3561	-2.07	-3.16
11	湿接缝养护	3599	3547	-1.79	-3.16
12	湿接缝养护	3612	3555	-1.98	-3.16

调整预应力束张拉顺序后的应变监测数据与设计张拉的理论值的比例关系符合预期，且混凝土横梁储备压应力满足设计要求，说明中横梁预制提升施工技术相比高空支架现浇施工同样能满足横梁设计应力状态要求。

3) 基于 BIM 技术的索塔混凝土横梁预制装配化虚拟施工

(1) 基于 BIM 的横梁预制段装配化施工工序优化。

为加快建设交通强国，推动贵州公路工程集团有限公司交通基础设施建设科技创新，在峰林特大桥的中横梁施工中创新性地采用预制装配化施工工艺，将在下横梁预制好的中横梁节段通过液压整体提升至高位，进行现浇湿接合龙。

示范工程中横梁预制提升的虚拟施工模拟如图 9-16 所示。

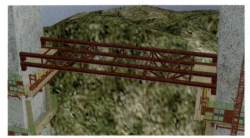

a) 第1步：拉压横杆及提升平台工序

b) 第2步：钢绞线安装工序

c) 第3步：中横梁钢绞线对接

d) 第4步：中横梁提升准备

图 9-16

e) 第5步：中横梁提升吊装中

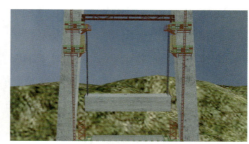
f) 第6步：中横梁对接

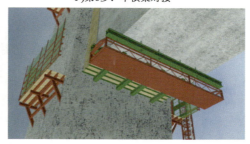
g) 第7步：中横梁接缝段现浇施工

图 9-16　示范工程中横梁预制提升的虚拟施工模拟

利用 BIM 技术建立建筑三维模型，结合施工工序形成的动态虚拟施工过程模拟，可以帮助技术人员更好地理解施工的整个过程，运用虚拟施工可以对工序过程整体把握，从而实现对施工现场的布置情况优化，合理细化施工组织设计细节，并对多种优化方案进行对比。规划选出最佳的工序流水组织，也便于在施工前进行管理和组织规划。

（2）基于 BIM 的关键安全风险源识别。

示范工程运用了 BIM 虚拟施工与人工督查相结合的方法（图 9-17），通过人工对虚拟施工临边安全风险和设备安全风险的识别，减少安全事故的发生。

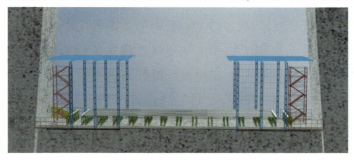

图 9-17　BIM 虚拟施工工序模拟

应用于示范工程的安全风险管理中，借助于 BIM 虚拟施工技术来进行风险的识别和管理，实现了如下具体应用：

①在模板制造和钢筋绑扎施工中，借助三维虚拟施工模拟来进行施工演练，以此来保证施工操作中的安全注意事项的落实。

②在中横梁高空预制施工中，借助三维虚拟施工模拟，明确了 6 个临边安全风险源和高空作业保证措施，制订出针对性的围挡措施和移动防护设备，并在相应位置张贴安全警示牌。

③在中横梁现浇段支架拆除施工中，借助三维虚拟施工模拟，对拆除作业顺序进行了模拟，确定了最少碰撞点的拆除方案，优化了施工安全。

④在具体的危险源识别与管理中，借助 BIM 虚拟施工技术确定安全作业范围，依据设置塔柱拉压横撑的水平隔离带以及垂直提升平台的防护栏高度，防止安全事故的发生。

9.3.2 主要技术创新点

本项技术主要技术创新点如下：

(1) 完善了超大吨位混凝土横梁预制段垂直提升拼接施工的工艺方法，提出了采用体外预应力保障超大吨位混凝土横梁预制段提升安全的有效措施，设计了协同受力的标准化组合提升牛腿和大型塔柱拉压横向支撑等关键临时施工结构，运用了先进的液压整体提升技术，形成了索塔混凝土横梁预制装配化施工成套技术。上述技术应用于峰林特大桥索塔中横梁施工中，突破了国内最大吨位的混凝土横梁预制段整体提升高度的记录，成功解决了混凝土横梁高空现浇施工中混合料下落对环境污染的问题。

(2) 提出了将玄武岩纤维增强材料应用于钢混组合梁预制桥面板及其接缝段，降低预制桥面板及其接缝段早期裂缝和运营期疲劳损伤发展影响的新思路；通过玄武岩纤维混凝土拌和试验和预制桥面板浇筑工程试用，完善了玄武岩纤维混凝土预制桥面板施工技术标准和施工操作指南；通过对玄武岩纤维混凝土疲劳相关实验的系统分析，给出了玄武岩纤维混凝土预制桥面板抗疲劳设计的相关建议。

9.3.3 实施地点及规模

本项技术在兴义环城高速公路的控制性工程峰林特大桥的 3 号、4 号主塔中横梁预制吊装施工中进行了工程示范与研发。

9.4 效益评价

9.4.1 经济效益

本项目的研究成果，其经济效益体现在以下几个方面：

(1) 索塔横梁预制装配化施工成套技术。

中横梁的并行施工，取消原设计的钢管桩施工支架，相比传统的混凝土横梁高空现浇作业，通过地面预制和高空快速拼接相结合的方法，以工业化为手段，大大减少了对环境的污染，缩短了施工工期，提高了施工安全性，产生显著的直接经济效益，见表 9-5 和表 9-6。

不同技术占用工时/工期分析表　　　表 9-5

施工技术	单个索塔占用工期(d)	耗费工时	高空作业工班
新技术	20	3840	524
传统技术	40	8320	639

不同技术经济效益分析表　　　表 9-6

施工技术	支架直接费用（万元）	单位工时费用（元）	单位工班费（元）	节约施工直接费用（万元）
新技术	50	220	4500	185
传统技术	85			

(2) 叠合梁悬索桥加劲梁与桥面板快速架设施工技术。

应用加劲梁和桥面板快速施工技术，使加劲梁架设阶段可以同步进行主缆缠丝和防护、索夹终拧紧固作业，其产生的直接经济效益如表 9-7 和表 9-8 所示。

不同技术占用工时/工期分析表　　　表 9-7

施工技术	占用工期(d)	耗费工时	高空作业工班
新技术	80	7680	215
传统技术	125	12000	280

不同技术经济效益分析表　　　　　表9-8

施工技术	设备租赁费（万元）	单位工时费用（元）	单位工班费（元）	节约施工直接费用（万元）
新技术	27	220	4500	140
传统技术	43			

9.4.2 社会效益

本项目的技术成果，其社会效益体现在以下几个方面：

（1）在全国实现了超大吨位索塔混凝土横梁预制提升施工技术的首次运用，首创了叠合梁悬索桥加劲梁与桥面板快速施工新工艺并成功运用，成功将玄武岩纤维新材料应用于工程实践，践行了创新发展理念。

（2）项目研究成果的应用可以充分减少施工对环境的污染，降低对景区原有地貌及植被的破坏。

（3）项目研究的应用极大提高了项目建设的质量水平，可有效确保工程质量的优良率，提高施工企业的社会声誉。

第 10 章　喀斯特石漠化山区隧道零开挖进出洞技术

10.1　技术背景

以往隧道进洞设计和施工常采用大开挖刷坡进洞，易引发山体失稳和严重环境破坏，如何遏制沿线生态环境脆弱区的生态环境恶化，国内外已开展了大量研究工作。2016 年，贵州省公路工程集团有限公司在贵州省交通运输厅立项"生态环境脆弱地带隧道安全环保进洞技术研究"（项目编号：2016-123-018）。本项技术于 2017 年 12 月通过贵州省交通运输厅成果验收，研究成果经鉴定总体达到国际先进水平，技术成熟。该技术已获得一项国家发明专利和两项省级施工工法，技术成果已成功应用于贵州盘兴高速公路多座隧道。本技术依托兴义环城高速公路全线在建工程，开展生态环境脆弱地带隧道安全环保进洞技术推广与研究，一方面可保护沿线脆弱的生态环境，另一方面形成进洞设计和施工工法技术体系，为类似工程提供借鉴，预期将收到良好的安全、经济、环境与社会效益。

依托兴义环城高速公路全线公路隧道工程，开展喀斯特石漠化山区隧道零开挖进出洞技术研究与应用，一方面深入分析洞口山体特征与隧道安全环保进洞之间的关系，深入认识复杂地质情况下隧道进洞施工风险，以对现有进洞工法适应性进行研究并优化；另一方面归纳提炼生态脆弱环境及不良工况下隧道绿色环保安全进洞施工技术，研究与周围环境协调性洞门设计与施工，实现隧道进洞施工的安全、绿色和环保。

通过上述项目攻关研究得到相应的方法和技术体系，所取得的研究成果将有利于生态脆弱环境下尤其在不良工况下隧道进洞环节的设计、施工和运营，解决隧道建设工程的相关关键技术，保障工程建设的安全、快速和质量，并为今后贵州省乃至全国范围内脆弱环境下隧道进洞设计和施工提供有力的技术指导，为国内类似工程提供类比参考，其综合社会经济效益是巨大的，也是目前高速公路工程建设的紧迫课题。

10.2 技术概要

本项技术针对常规隧道进出洞边仰坡开挖量大、生态破坏严重的特点，对隧道进出洞工法进行优化，通过研发适用于喀斯特山区隧道进洞的支护结构和无覆土段隧道施工方法，形成一套环境协调型隧道进出洞工法技术体系，实现隧道洞口施工对周边环境的微扰动，最大限度减少施工对山体的破坏。

零开挖技术在覆盖层为零（即为 $0\sim50\mathrm{cm}$）的条件下采用盖挖法，明洞暗做，提前进洞，最大限度缩小隧道洞口施工的破坏范围，达到保护隧道口森林植被的目的。通过此举，减小了上部开挖施工槽的深度，相同坡比的条件下最大限度地减少了洞口施工的横向破坏范围，且提高了施工槽边坡的安全性。

1）零开挖技术原理

零开挖进洞工法是以工程地质条件研究为基础，选择适宜的辅助施工措施和施工方法与施工顺序，以"早进洞、晚出洞"的设计理念进行进洞开挖，在施工过程中充分发挥监控量测与地质预报的作用，根据其分析结果，及时修正设计，保证隧道进洞过程的顺利进行，其主要内容如下：

（1）在认真研究勘测资料和地质调查成果的基础上，首先明确洞口段的坡体结构特征，尤其是坡体中发育的对洞口段坡体稳定性有控制影响的长大结构面，及其结构面与坡面的组合关系。以此为基础，分析研究洞口段边坡的变形破坏模式及变形破坏的影响边界。

（2）在坡体结构特征及变形破坏模式分析研究的基础上，进行隧道进洞前的预设计方案，主要包括断面形式及几何尺寸拟定、衬砌类型及参数的选择、预留变形量、辅助施工措施设计、选择施工方法与施工顺序、现场监控量测设计、防排水设计。其中，辅助施工措施设计是对其进行合理选择，并根据实际情况将各种支护手段进行科学合理组合，发挥少量围岩与支护的共同作用，使隧道具备成洞条件，将隧道暗洞加长，提前进洞，最大限度缩小隧道洞口施工的破坏范围，以达到保持隧道洞口段边坡稳定及保护原始自然环境的目的。

(3)在隧洞进洞前应充分研究洞口段坡体岩体的物理力学参数,为辅助施工措施设计及施工方法与施工顺序的选择提供必要的科学依据,且应对施工过程中的地质与监控量测的数据及时、准确地采集并进行反馈与分析,并以此为依据进行必要的设计修正和指导"零开挖"进洞施工,确保隧道进洞过程围岩与洞口段边坡的稳定。

零开挖进洞工法可保全洞口山坡及原生植被免遭破坏,大大减少洞口仰坡开挖及防护工程量,这是保证边仰坡稳定较为理想的方法。对于上下行分离设置的隧道,不仅可以保护单个洞口的山坡和植被,更重要的是还可以避免两洞间"鼻梁"岩(土)体的开挖,这即可保护两洞间"鼻梁"岩(土)体上的原生植被又可借助"鼻梁"岩(土)体维持两洞口山体的稳定。

2)零开挖施工工序

针对不同的隧道洞口段坡体结构,其采用的辅助施工措施及开挖方案存在一定的差别,本节主要以隧道洞口常见的浅埋、破碎的松散破碎体坡体结构为例,对"零开挖"进洞工法的施工工序进行分析说明。主要的施工工序如下:

(1)由于松散破碎体结构岩体受水的影响较为强烈,在水的作用下易于产生滑塌、滑坡等变形破坏现象,因此,首先应砌筑洞顶及周边截排水沟,形成排水系统。

(2)清除表土,开挖上部施工槽,边仰坡防护(挂网支护,喷混凝土);

(3)施作管棚套拱。

(4)设置超前管棚支护。超前管棚支护作为浅埋暗挖隧道的一种辅助工法,在防止隧道塌方、控制地层位移方面具有极好的作用。

(5)隧道暗洞段施工,开挖前应根据隧道围岩具体情况进行适当的超前支护,如超前支护小导管、超前锚杆等。

(6)根据工程地质条件及隧道跨度等因素,选择适宜的开挖方法进行开挖,如预留核心土开挖法、侧导洞法等。

(7)实施初期支护并及时进行仰拱封闭成环。

零开挖进洞工法工序示意如图10-1所示。

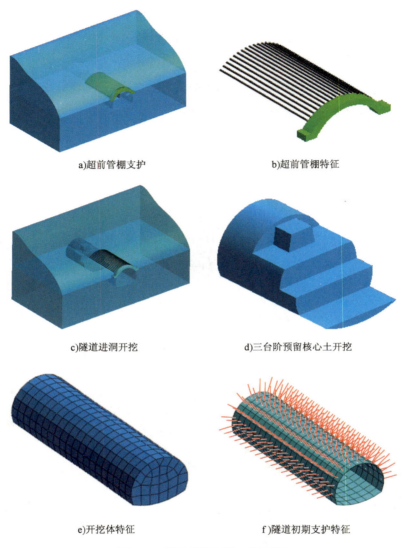

图 10-1 零开挖进洞工法工序示意图

10.3 示范工程应用

兴义环城高速公路全线 26 座隧道采用了隧道零开挖进出洞技术。主要内容如下：

1）地表预加固后进洞

对不良地质、不利地形条件，可考虑预先地表预加固、超前预加固、反压回填与挡护。通过地表注浆加固及坡脚反压回填等综合措施对滑坡体进行处理后，隧道得以安全进洞，保护了地表原生植被，避免了清理滑坡所造成的环境破坏和后期运营隐患。

2) 减少洞口段边坡开挖长度

为了降低边坡开挖高度，可根据地形地质条件，在确保施工及运营安全的前提下，通过放陡边坡、减少台阶数量、缩小明洞外侧向宽度、减小台阶宽度以及将边坡与仰坡形成弧形顺接等多种方法来实现；也可考虑在暗洞外设置棚洞等，完善防护体系、美化景观设置。如在兴义环城高速公路毛栗坪隧道出口端左右幅各增设 5m 长明洞，通过反向接长明洞、放陡边坡等方法把施工对隧道洞口生态植被影响减至最低。

3) 贴壁套拱直接进洞

仰坡开挖，可由洞门处向暗洞方向循序渐进，视围岩地质情况，尽早进洞，努力实现零开挖。弄马地隧道、芭蕉塘 1 号隧道施工效果见图 10-2。同时，还应强调仰坡的防护，应最大限度地减少（或降低）喷射混凝土的范围和高度；对于Ⅲ级以下围岩，喷射混凝土的施工作业范围原则上不应高于拱顶开挖线之外 2.0m。

图 10-2　弄马地隧道、芭蕉塘 1 号隧道出口左右洞陡崖直接进洞

4) 短隧道提倡单向掘进

对 500m 以下的短隧道，在不影响工期的前提下，可选择进洞条件好的洞口单向进出洞，而不提倡对向掘进，如楼纳 1 号隧道（图 10-3）、楼纳 2 号隧道（图 10-4 和图 10-5）、绒窝寨隧道（图 10-6）等，通过实施单向进出洞，避免了重复临建对原生地表的扰动和破坏。

图 10-3　楼纳 1 号隧道单向进洞

图 10-4　楼纳 2 号隧道出口单向出洞

图 10-5　楼纳 2 号隧道进口单向进洞

图 10-6　绒窝寨隧道单向出洞

5）斜交进洞

斜交进洞是零开挖进洞工法的一种，适用于地质条件较好、隧道轴线与等高线斜交、进洞较为陡峭的隧道洞口。

轴线与等高线斜交、地质条件许可时，可采取顺应地形的斜交进洞方式，如东坝 2 号隧道左右线进洞（图 10-7）和东祥隧道左右线进洞（图 10-8），洞口坡面与洞轴线呈斜交状，如果一味追求正交进洞，则势必形成 20 多米的高边坡。根据地形地质条件，通过实施不等长异型护拱的办法进洞，最大限度地保护了原生植被及坡体，生态效应十分显著。

洞门的修建以最大限度地减少洞门圬工、减少人工坡面、适应原地形为原则，以达到最大程度的简洁自然。传统的城墙式洞门给周围环境带来的不和谐，应引起业内人士的反思和探讨。

由于传统粗放型施工的惯性，一部分工程技术人员尽管在思想上已认识到环境保护的重要性，但是在实施过程中又可能出现不自觉的不规范施工行为。

实践证明，零开挖进洞施工技术本身并不复杂，实施的难度在于环保理念是否真正落实到生产第一线（设计、施工、监理）工作人员心目中。为此，本项目的项目管理处加大巡查工作力度，通过现场指导、签发工作指令、督促监理工程师旁站等多种手段，促使优化方案落实。

图 10-7　东坝 2 号隧道出口左右洞斜交进洞

图 10-8　东祥隧道进口左右洞斜交进洞

零开挖进洞技术在兴义环城高速公路的应用情况见表 10-1。

零开挖进洞技术在兴义环城高速公路的应用统计表　　表 10-1

隧道名称	位置	长度（cm）	洞口段围岩等级		进洞方法		辅助支护措施	
			盘县端	兴义端	盘县端	兴义端	盘县端	兴义端
打磨冲	右线	1475	V	V	零开挖进洞	零开挖进洞	A	A
	左线	1500	V	V	零开挖进洞	零开挖进洞	A	A
双山	右线	630	V	V	零开挖进洞	单向出洞	A	B
	左线	624	V	V	零开挖进洞	单向出洞	A	B
楼纳1号	右线	200	V	V	单向出洞	零开挖进洞	B	A
	左线	247	V	V	单向出洞	零开挖进洞	B	A
楼纳2号	右线	327	V	V	单向出洞	零开挖进洞	B	A
	左线	342	V	V	单向出洞	零开挖进洞	B	A
楼纳3号	右线	1238	V	V	零开挖进洞	零开挖进洞	A	A
	左线	1243	V	V	零开挖进洞	零开挖进洞	A	A
绒窝寨	右线	220	V	V	零开挖进洞	单向出洞	A	B
	左线	206.5	V	V	零开挖进洞	单向出洞	A	B
旧屋基	右线	392	V	V	零开挖进洞	单向出洞	A	B
	左线	393	V	V	零开挖进洞	单向出洞	A	B
丰都	右线	453	V	V	零开挖进洞	零开挖进洞	A	B
	左线	483	V	V	零开挖进洞	零开挖进洞	A	B

续上表

隧道名称	位置	长度（cm）	洞口段围岩等级		进洞方法		辅助支护措施	
			盘县端	兴义端	盘县端	兴义端	盘县端	兴义端
东峰林1号	右线	151	V	V	单向出洞	零开挖进洞	A	B
	左线	120	V	V	单向出洞	零开挖进洞	A	B
东峰林2号	右线	160	V	V	零开挖进洞	单向出洞	A	B
	左线	185	V	V	零开挖进洞	单向出洞	A	B
新树洒	右线	490	V	V	单向出洞	零开挖进洞	B	A
	左线	505	V	V	单向出洞	零开挖进洞	B	A
营门脚	右线	99	V	V	零开挖进洞	单向出洞	A	B
	左线	99	V	V	零开挖进洞	单向出洞	A	B
东坝1号	右线	463.41	V	V	零开挖进洞	单向出洞	B	B
	左线	480	V	V	零开挖进洞	单向出洞	B	B
东坝2号	右线	415	V	V	零开挖进洞	单向出洞	B	B
	左线	360	V	V	零开挖进洞	单向出洞	B	B
东坝3号	右线	255	V	V	零开挖进洞	单向出洞	B	B
	左线	245	V	V	零开挖进洞	单向出洞	B	B
东祥	右线	1686.5	V	V	零开挖进洞	零开挖进洞	A	B
	左线	1669.1	V	V	零开挖进洞	零开挖进洞	A	B
马口	右线	257	V	V	单向出洞	零开挖进洞	B	B
	左线	260	V	V	单向出洞	零开挖进洞	B	B
弄马地	右线	120	V	V	零开挖进洞	单向出洞	B	B
	左线	115	V	V	零开挖进洞	单向出洞	B	B
芭蕉塘1号	右线	225	V	V	零开挖进洞	单向出洞	B	B
	左线	202	V	V	零开挖进洞	单向出洞	B	B
芭蕉塘2号	右线	125	V	V	零开挖进洞	单向出洞	B	B
	左线	88	V	V	零开挖进洞	单向出洞	B	B
芭蕉塘3号	右线	130	V	V	单向出洞	零开挖进洞	B	A
	左线	120.5	V	V	单向出洞	零开挖进洞	B	A
龙布沟1号	右线	185	V	V	单向出洞	零开挖进洞	B	B
	左线	188	V	V	单向出洞	零开挖进洞	B	B
龙布沟2号	右线	245	V	V	单向出洞	零开挖进洞	B	B
	左线	235	V	V	单向出洞	零开挖进洞	B	B
吕烂	右线	310	V	V	单向出洞	零开挖进洞	B	A
	左线	305	V	V	单向出洞	零开挖进洞	B	A

续上表

隧道名称	位置	长度（cm）	洞口段围岩等级		进洞方法		辅助支护措施	
			盘县端	兴义端	盘县端	兴义端	盘县端	兴义端
老鹰岩	右线	1306	V	V	零开挖进洞	零开挖进洞	B	A
	左线	1300	V	V	零开挖进洞	零开挖进洞	B	A
小店子	右线	617	V	V	单向出洞	零开挖进洞	B	A
	左线	629	V	V	单向出洞	零开挖进洞	B	A

注：辅助支护措施中的 A、B、C 表示含义：A 为 C108 大管棚；B 为 C42 小导管；C 为 C 超前锚杆。

10.4 效益评价

通过在兴义环城高速公路全线 26 座隧道采用隧道零开挖进出洞技术，将对于全线隧道保持洞口段边坡的稳定、减少地质病害的发生概率有积极的作用，极大地减少对洞口植被的破坏，共减少破坏植被 2.5 万 m^2、土石方开挖 8.4 万 m^3 以上。

第 11 章　高速公路分岔隧道连拱段独立双洞法修筑技术

11.1　技术背景

近几年来，我国公路隧道建设规模和建设速度得到了快速发展，也取得了巨大成绩。随着西部大开发建设和交通强国战略的实施，在特殊地质及地形条件的地区修建高速公路已经成为必然，由于交通需求的增加，双向六车道甚至更宽的高速公路在山区也逐渐增多，相应六车道公路隧道的建设也发展迅速。20 世纪 80 年代，我国大断面公路隧道开始大规模修建，一大批三车道以上的大断面隧道开始涌现。目前，双向八车道超大断面公路隧道也有部分已经建成通车，如贵州凯里市大阁山隧道、口坊单洞双向四车道隧道，最大开挖宽度达 21.04m、高度 11.5m，是市区罕见的大跨度隧道，不过其全长仅有 496m；沈大高速公路韩家岭隧道（现金州隧道）为单洞四车道公路隧道，最大开挖跨度达 22.482m，净宽 19.24m，净高 10.39m，隧道全长 521m；广深沿江高速公路中的龙头山隧道，最大开挖跨度达 21.58m，开挖高度为 13m，属于典型的扁平型断面隧道；深圳南坪快速路中的雅宝隧道，单洞开挖跨度达 21.1m，高度 13.68m；深圳南坪快速路二期的新屋隧道，也设计为双洞八车道小净距隧道，最大跨度达 21.01m，开挖高度为 13.32m，双洞之间净距为 19~34m。单洞四车道隧道的最大开挖跨度普遍在 20m 上，具体开挖面积均在 $200m^2$ 以上，按照国际隧道协会对于隧道的分类，均属于超大断面隧道类型。目前，大断面隧道的建设技术尚未成熟，然而多数情况下需要同时设计并修建两条邻近隧道，即为大断面、小净距隧道设计方案，故对隧道勘察、设计、施工等技术要求更加严格。隧道勘察选线、断面设计、净距优化、施工技术方案等均需开展专题论证，而隧道工程施工力学行为研究是多年来行业持续关注的关键性重难点技术问题。

在山岭重丘区，隧道形式选择不仅受地形、地质条件的约束，同时受路线平、纵、横指标等因素的制约，在地形、地质条件允许情况下，通常按照现行《公路隧道设计规范》(JTG 3370.1)对隧道净距要求设计为上下行分离的两座独立隧道。而在地形陡峻、脊谷相间的"鸡爪"地带，为了满足双洞净距要求，往往强行拉开隧道间距，导致与隧道相邻路段平面线形不顺畅、桥隧相连地段不能有效兼顾桥梁布置的要求、工程占地较宽、洞口挖方量大等突出问题，目前山区高速公路造价居高不下也与此有关。正是由于高等级公路隧道受到上述条件限制，小净距隧道和连拱隧道结构形式应运而生。

分岔式隧道是近几年国内在更加复杂地形地质条件下修建山区高速公路过程中出现的一种新的结构形式。目前国内外普遍采用多种结构形式的组合分岔隧道，在超小净距下特别是隧道洞口中央分隔带宽度小于 4.0m 时，洞口段一般按大跨度隧道或连拱隧道进行设计和施工，再由小净距隧道逐步过渡为上下行分离式隧道。兴义环城高速公路旧屋基隧道为一座分岔式短隧道，进口至出口从分离式隧道逐渐收拢为小净距、极小净距和连拱隧道。隧道所处地形较为复杂，出口段为深沟峡谷，连接马岭河特大桥。该项目分岔隧道原连拱隧道段净距最小厚度 0.62m，本技术通过优化提出按超小净距独立双洞分修方案，首次采用了后行洞超前导洞扩挖爆破减振工法，按平衡拱理论对中夹岩柱及两洞之间三角区进行了针对性地优化设计和加强，并获得相应的优化支护参数。在确保隧道施工安全和结构稳定的前提下，可显著提高施工工效、降低工程造价，对推动分岔隧道施工技术提升具有重要意义。

11.2 技术概要

超小净距隧道结构介于独立双洞和连拱隧道之间，能够充分发挥两洞间围岩的自承能力，完全符合新奥法的设计思想。较独立双洞隧道，超小净距隧道具有连线难度小、占地少等特点，和连拱隧道相比，具有工期短、施工质量易控制及造价低等优点。

从施工工艺及工序比较，连拱隧道包括中导洞施工工序、中隔墙施工工序、中导洞临时支撑拆除工序；超小净距隧道包括中岩柱加固工序。

传统连拱隧道中隔墙是采用钢筋混凝土结构代替原有岩石作为受力结构，需要先破坏原有岩层结构；而超小净距隧道是采用对中岩柱加固处理，对原有地质岩性结构不产生破坏,中岩柱加固施工与正洞施工同步进行,这样大大节约了施工工期。此外,超小净距隧道按照常规防水工艺安装,防水板在二次衬砌及初期支护间形成封闭整体,有利于隧道防水。

无中隔墙的连拱隧道施工适用于双线间距极小的隧道。在一侧隧道开挖时,将中岩柱部位开挖,并浇筑高强混凝土,用高强混凝土加钢筋代替原中岩柱围岩,并与支护体系形成整体,可有效提高支护体系的承载能力以及围岩的变形控制,较有效地保障施工的安全性。

此外,无中隔墙的连拱隧道施工时,各洞初期支护钢拱架采用原设计轮廓钢拱架,减少加工成本,并闭合成环,有效提高各洞室的自承能力,而防水体系也能按照常规防水工艺安装,在二次衬砌及初期支护间形成封闭整体,同样有利于隧道防水,同时不显著增加加固中岩柱带来的工期影响。

超小净距小导洞扩挖方案如下:

(1)小导洞先行。

小面积开挖隧道,施作支护形成小导洞。小导洞的开挖,能有效减小对围岩的扰动,使其充分发挥自身承载能力,同时提前释放一部分地下应力,可有效减小围岩后期的沉降收敛,保证施工的安全。小导洞内施工作业可适当加强岩柱的强度,以提高岩柱的承载能力,减小后续施工对围岩的扰动,避免造成冒顶、坍塌事故。

(2)断面扩挖。

小导洞扩挖至正常断面,施作隧道初期支护。在岩柱加固后,采用凿岩机开挖靠近岩柱一侧的岩体,远离岩柱一侧可采用弱爆破方式开挖,开挖时必须注意对中间岩柱的保护。开挖后及时进行支护,特别是对靠近岩柱一侧岩体,必要时可增加临时支撑或增加支护强度。

(3)小导洞断面设计。

小导洞断面尺寸拟为 $5m \times 6m$(宽×高)。小导洞施工位置初步拟定于隧道中部,且底部与下台阶上部高度(设计高程以上 1.5m)一致。采用上述断面及方案,主要考虑以下几点:

①断面大小合适,方便现场施工、机械使用及出渣工作,也减小开挖对围岩的扰动。

②小导洞位于隧道中部,可以较为均匀扩挖,方便右线隧道的施工。

③小导洞开挖后，与左线隧道有一定距离，相当于临时增加了中间岩柱的厚度，可以增加隧道施工的围岩稳定性。

④如若因地质条件或施工扰动等原因造成岩体坍塌，小导洞能起到临时支撑作用，承载上覆土体压力，保证隧道施工安全。

⑤小导洞底部设置在路面设计高程往上1.5m位置，能减少对后续开挖工序的干扰，能有效利用开挖台车对开挖断面及时进行初期支护。

11.3 示范工程应用

本技术应用于兴义环城高速公路第三合同段旧屋基隧道（图11-1）。旧屋基隧道施工时，左线先进行开挖，待左线进洞30～40m后，右线再进行开挖。在正常施工进度下，左线先进入小净距段、极小净距段、超小净距段，在小净距段和极小净距段，左线与右线安全步距按照设计文件进行施工。左线进入超小净距段后，按照正常进度施工，但在开挖时注意保护靠近中岩柱附近的岩土体，减少对中岩柱岩

图11-1 旧屋基隧道出口端洞口

体的扰动（预留3m宽范围采用凿岩机开挖），右线在保证与左线有一定安全间距下，及时跟进，在右线进入超小净距后，先进行小导洞的开挖，超前右线上台阶20m后再进行上台阶的扩挖。扩挖时，小导洞至中间岩柱（5.16m）的岩土体采用凿岩机冷开挖工艺，避免对中岩柱造成较大的损伤，同时对中岩柱进行加固，增设减振措施，严格控制左右线之间的平面距离。在双线间距小于1.5m时，左线开挖时将中岩柱部分岩体挖掉，浇筑混凝土，而开挖右线时，将中岩柱部分开挖至已浇筑混凝土部位，两部分混凝土之间采用凿毛、挂网等方式加强黏结力。

隧道开挖采用控制爆破（光面爆破或预裂爆破），施工中应严格控制总药量及单段最大爆破药量，为避免爆破振动的叠加，必须采用微差控制爆破，各段起爆时间应根据振动测试试验确定，以减少对中隔墙及衬砌结构的扰动，后

行隧道施工时在先行隧道支护结构上引起的爆破振动速度控制在 1.5cm/s 以下。

11.4 效益评价

本项目通过在兴义环城高速公路旧屋基隧道采用分岔隧道连拱段独立双洞法修筑技术，共减少土石方开挖 2100m^3，减少混凝土用量 1600t，较传统工法（中导洞施工法）将节约工期 46d，节约成本 166 万元。

第12章　隧道超欠挖数字化控制技术

12.1　技术背景

随着我国铁路、公路建设的快速发展，越来越多的隧道将不可避免地建设在复杂的水文地质环境中。而在隧道开挖过程中，钻爆法是开挖的主要方法之一，但钻爆法最大的缺点之一是其不可避免地造成隧洞大量的超欠挖现象，对工程质量及进度存在较大的影响，特别是隧道穿越水平或倾斜层状岩体时，由于岩层间夹制力非常小，极易受到振动而松弛、掉块。爆破后，难以形成设计要求的拱形轮廓，超欠挖现象较为普遍，尤其在围岩软弱破碎的情况下，超欠挖现象极为严重，因此超欠挖的检测及控制是隧道施工过程中普遍存在的重难点问题，而目前针对以上问题，虽有一定的解决方法，但仍存在或多或少的问题与不足。

打磨冲隧道位于贵州省西南部高原山区，属兴义环城高速公路工程第1标段（A段）在建工程，为分离式长隧道。隧道横穿山体，基岩局部裸露，坡体植被发育，多为乔木、灌木，进出口均位于山体斜坡上。隧道左幅全长1500m，右幅全长1475m，工程地质详勘显示，场区上覆第四系残坡积层（Q^{el+dl}）粉质黏土，下伏基岩为二叠系上统龙潭组~长兴组（$P_3l\text{-}c$）薄~中厚层状泥质粉砂岩夹灰岩及煤；三叠系下统夜郎组1段（T_1y^1）薄~中厚层状泥质粉砂岩夹泥岩，夜郎组2段（T_1y^2）薄~中厚层状泥质粉砂岩夹泥岩偶夹灰岩、顶部为灰岩夹泥质粉砂岩，夜郎组3段（T_1y^3）薄~中厚层状泥质粉砂岩夹泥岩；三叠系下统永宁镇组1段（T_1yn^1）薄~中厚层状灰岩，永宁镇组2段（T_1yn^2）薄~中厚层状白云质灰岩。现场观察可见，隧道开挖爆破超欠挖现象普遍，在施工现场中应用一种方便快捷的超欠挖检测技术同步检测隧道开挖后超欠挖情况显得十分必要。

隧道超欠挖会给隧道施工的综合效益带来很大的影响，包括经济、施工进度、喷混凝土、排水壁面美观、安全等方面，以经济效益和隧道结构的可靠性影响最明显。爆破造成的超挖增加了出渣量、延长了出渣作业时间，且超挖区域回填混凝土，增加了额外工程量及工程成本，超挖使隧道局部力集中，围岩的塑性区显著增大，洞身围岩变形变大。欠挖过大时需要再次爆破开挖，导致围岩扰动次数增加，同时造成误工、窝工。

打磨冲隧道以Ⅲ、Ⅳ级围岩为主，主要穿越白云质灰岩或白云岩、泥质粉砂岩、灰岩等地层，属硬岩隧道。硬岩的地质特征是影响隧道超欠挖的重要因素之一，特别是打磨冲隧道围岩节理裂隙发育、结构面发育，在爆破时难以准确地将爆破轮廓控制在炮眼周边位置，而是通常沿着岩体软弱面发生破坏，这种情况在硬岩质隧道开挖过程中难以避免。同时，为了满足支护结构要求，在隧道开挖过程中原则上不允许欠挖现象产生，施工过程中往往选择"宁超不欠"，从而可能产生更大的超挖。

隧道超欠挖数字化控制技术示范与研发在兴义环城高速公路打磨冲隧道、东祥隧道工程中开展，将基于图像三维重建的隧道超欠挖检测技术在实际施工中推广完善。本项技术集隧道超欠挖检测，隧道初期支护喷混凝土、二次衬砌浇筑混凝土计量，隧道掌子面及洞壁围岩地质素描系列成果于一体。其应用可以为后续隧道施工提供借鉴，同时可以较为完整地保留施工期间的数据。

12.2 技术概要

本项技术概要主要包括以下内容：
(1) 基于图像三维重建的隧道超欠挖检测技术分析；
(2) 基于图像三维重建的隧道初期支护净空检测技术分析；
(3) 基于图像三维重建的隧道围岩地质素描分析。

12.3 示范工程应用

12.3.1 主要研究与应用内容

本项技术采用数码照相三维重建的隧道超欠挖检测方法，对隧道开挖毛洞、初期支护等净空情况进行检测，生成断面图及偏差云图，具有重要的安全、经济和社会意义。主要研究与应用内容如下：

(1) 基于图像三维重建的隧道超欠挖检测作业方法标准化研究。

①仪器设备要求。

数码相机需具有大传感器尺寸的单反相机或无反相机，相机宜使用 APS-C 及以上画幅；净空检测时，需要相片具有超高重叠度。建议使用 35mm 标准定焦镜头或等效焦距包含 35mm 的变焦镜头，应避免使用 50mm（含等效焦距）以上的长焦镜头；隧道内拍摄需要配置外置闪光灯，外置闪光灯应具有闪光指数可调、长续航和辅助对焦灯功能；现场应配备高度可调、稳定性好的三脚架或独脚架；快门线应方便现场拍照及防止按快门时造成相机抖动；存储卡建议 16G 以上，宜采用具有无线 WiFi 功能的存储卡；一般的单反相机按照 2 块电池/千张进行配置；外置闪光灯电池一般为 5 号 AA 电池，一组电池为 4 颗，普通电池按 6~8 组/千张进行配置。锂电池闪光灯宜按 2000mAh/千张进行配置。

②现场拍摄方法与步骤。

控制点布设：在需要拍摄的区域布置 4~6 个标记板，拍摄区段较长时可增加到 8 个，控制点布设间距不宜超过 10m，标记板布设时应均匀布满被测量的范围。标记板布置时，需将标记板固定于边墙位置，保证标记板的稳固。标记板布设后应用红色油漆在邻近位置书写上标记板编号，便于后期照片处理以及测量人员识别记录。布置好标记板控制点后，可采用全站仪测量出控制点的坐标。使用全站仪测定已知坐标的后视点 1、后视点 2 的方向和距离，通过后方交会法完成全站仪设站，而后使用全站仪依次测出控制点坐标，并按照标记板编号进行记录。控制点坐标测量时，应至少进行一个测回。

照片拍摄：现场宜按横向移动和环向旋转的方式进行拍摄，需保证被拍摄的两张照片间的重叠度大于 50%；拍摄时可手持相机拍摄，或使用环拍仪辅助拍摄；拍摄时需要垂直标记板表面，拍摄过程中应注意每个标记板至少包含两张照片，拍摄完成后需给标记板特写便于后期自动识别或是人工辨识。

③三维重建方法与步骤。主要包括照片对齐、录入控制点信息、稠密点云和曲面重建和导出重建结果。

一是照片对齐。将每个工作循环拍摄的照片作为一个照片集，使用基于多视几何的三维重建软件对照片集进行对齐。对齐前须设置好照片特征点提取分辨率、特征点数目限制（Key point limit），以及关联点数目限制（Tie point limit）。对齐使用的照片分辨率应满足1cm/pixel，对齐时特征点数目宜大于10000/千万像素，关联点数目建议取值为特征点数量的十分之一。

二是录入控制点信息。

检测标记：若现场布置的标记板为标准图案时，宜使用三维重建程序的自动搜索功能检测标记。检测前需要确定标记类型及允许的像素公差；若现场布置的标记板为非标准图案时，应根据现场的油漆标识在对应的图像上进行标记点刺点；标记点自动检测结束后，须逐张查看程序自动检测出的标记点，检查标记点的数量、编号是否与现场布设的情况相符，以及自动检测出的标记位置是否位于标记板圆心中央；若自动检测得到标记点位置不准确时，须使用鼠标拖动控制点，将其放置到标记板图像的圆心位置。若自动检测没有检测出相应的标记点，则可以通过现场油漆标识逐张查看照片进行人工刺点。

坐标预处理：现场测量出的控制点坐标一般为WGS84大地坐标，具有6~7位整数。由于隧道施工范围一般较小，为配合后期计算精度，仅需保留4~5位整数。

录入标记坐标：根据控制点编号，在三维重建软件的控制点录入界面按照控制点编号逐一录入现场测得的控制点坐标。

导入标记坐标：将控制点坐标按三维重建软件格式要求录入到TXT（文本格式）文件，在三维重建软件中执行导入操作。导入坐标时，须保证录入列与软件X、Y、Z坐标间正确的对应关系。

根据控制点进行平差：录入或导入控制点后，应在三维重建软件中设置将各个控制点的收敛精度，并执行平差优化。平差后，控制点误差应小于5mm。对不满足要求的控制点，可予以剔除后重新执行平差操作。

三是稠密点云和曲面重建。控制点录入并且平差完成后，使用三维重建软件进行密集点云构建。密集点云构建的数量宜大于每延米10万点。密集点云构建完成后，以密集点云作为数据源继续构建空间三角网形成开挖轮廓曲面。空间三维网构建时，应选择非规则形态，三角网面数宜取每延米隧道5万~10万点。

四是导出重建结果。导出时，选中需要导出的堆块，右键点击鼠标，选中"导出"=>"导出模型"按钮，然后保存成PLY（多边形文件格式）格式。如需要在后期能够看到相应的照片情况，选中需要导出的堆块，右键点击鼠标，"导出"＝>"导出相机"按钮，然后保存成 xml（可扩展标记语言）格式。

④设计轮廓建模方法与步骤。

一是设计轮廓的构建原理。设计轮廓的构建使用三维构型中的扫略方法，事先需要准备扫略的流线（隧道横断面）与扫略的迹线（施工导线）。

二是处理流线（横断面）。使用设计横断面轮廓进行离散的方法生成流线。按照设计图纸在 AutoCAD 中绘制出标准轮廓，轮廓绘制时，需要根据不同的支护类型分别绘制出二次衬砌轮廓、初期支护轮廓以及开挖轮廓。然后使用等距离散（ME 命令）或等分离散（Div 命令）对需要构建成三维模型的轮廓进行离散。为保证扫略建模时的轮廓与设计位置相同，需要将横断面图的原点设置在设计图中的设计高程点。在 AutoCAD 中处理完成后，需要把相应的断面图保存成 DXF（矢量数据）格式供后期处理使用。

三是处理迹线（施工导线）。迹线的处理相对简单，一般仅需要录入一个电子（Excel）表格，表格中录入里程、X 坐标、Y 坐标、设计高程信息。该表格一般由施工现场的测量人员提供，提供的导线点桩号间距不得大于 5m。

四是生成设计轮廓三维模型。三维模型的生成使用 Bamboo 软件，打开 Bamboo 软件后在主菜单中点击"模型编辑器"按钮，点击"模型编辑器"菜单中的"DXF 流线"按钮，载入准备好的断面 DXF 文件，打开后将看到"流线"窗口的断面轮廓线，点击"模型编辑器"菜单中的"迹线点坐标"按钮，将会弹出迹线点坐标编辑器，在编辑器中将准备好的 Excel 数据粘贴到点坐标编辑框中。如果有其他列，或者坐标顺序需要调整时，在编辑器第一行中输入一个带"#"号的说明行，然后是标识出相应的列代表的含义，并用","号分隔。

迹线点编辑器中可使用的列说明符见表 12-1。

迹线点编辑器中可使用的列说明符 表 12-1

列说明符	含义	列说明符	含义
M，桩号	迹线点桩号	Z，高	迹线点 Z 坐标
X	迹线点 X 坐标	其他字母或符号	无效列
Y	迹线点 Y 坐标		

录入导线点坐标后，在参数列勾选是否需要在导线点之间做等分插值，输入完迹线点坐标后，点击确定，程序会按照相应的导线点坐标和参数自动生成

迹线。流线与迹线准备完成后，点击"模型编辑器"菜单中的"切向扫略"按钮，确认模型无误后，点击保存模型按钮进行保存。

⑤隧道超欠挖数据处理方法与步骤。

一是计算分析。

载入数据：在上述准备工作完成后，打开 Bamboo 软件，在导航窗口右键单击鼠标，依次添加导出的实际轮廓以及保存的设计轮廓。

曲面比较：添加实际轮廓和设计轮廓后，点击主界面菜单的"编辑"=》"曲面比较…"按钮。将需要比较的实际开挖轮廓对象拖动到对话框的左侧，将设计轮廓拖动到右侧。点击确定后，会弹出比较参数对话框。

二是查看结果。曲面比较计算完成后，通过在主界面的对象导航栏中双击结果曲面，调出相应曲面的结果显示窗。通过拖动横断面切换滚动条，可以切换不同的横断面，实现截面信息查看。

三是输出结果。输出图片，点击主菜单中的"文件"选型，可以对结果图片进行输出。包括：复制断面图——将当前截面图复制到剪切板，复制的格式为 Windows 图元文件 wmf。保存断面图片——将当前截面图保存为图片。可以使用的格式包括 jpg、png、bmp、wmf、emf 五种。复制差值投影图——将投影插值图复制到剪切板，复制的格式为 Windows 图元文件 wmf。保存差值投影图——将投影插值图保存为图片。可以使用的格式包括 jpg、png、bmp、wmf、emf 五种。生成断面图文档，按照设置依次生成所有断面图，并将其插入至 Word 文档，以便于出具报告。点击该功能后，软件将弹出对话框。在生成规则栏中，可以设置是生成横断面还是纵剖面，起始行（列）和结束行（列），以及间隔的行（列）数。按照设置依次生成所有断面的统计数据生成至 Excel 表格，以便于出具报告。点击该功能后，软件将弹出对话框。在生成规则栏中生成断面图文档。表格中统计的断面信息包括超挖面积、欠挖面积、偏差面积、超欠总面积、最大线性偏差、最小线性偏差、平均线性偏差、超挖点数、超挖占比、欠挖点数、欠挖占比。导出 CAD 脚本。点击"导出断面图 CAD 脚本"可以将当前断面图导出成 AutoCAD 的绘图脚本 Src 文件。点击"导出统计区域曲面 CAD 脚本"可以将当前体积统计区域的曲面导出成 AutoCAD 绘图脚本。点击"批量导出断面 CAD 脚本…"并填写好生成规则和保存路径，可以按照断面名称按生成规制顺序导出所有断面图或者剖面图脚本。点击"导出统计区曲面 CAD 脚本…"并填写保存文件名后，可以生成左侧体积统计区域的设计模型及实测曲面的 AutoCAD 绘制 Mesh 网格的脚本。

（2）隧道开挖轮廓面图像采集：基于图像三维重建的隧道围岩地质素描。

地质素描是隧道施工过程中必不可少的一项常规工作，传统地质素描是在施工现场直接观测各种地质现象，以文字、图表、照片以及实物方式收集起来，经综合归纳整理，编制为生产所需的地质资料的全部过程。这种方法记录的信息较为粗略，不能有效记录隧道施工洞壁及掌子面信息。

基于图像三维重建的隧道围岩地质素描通过相机进行数字影像拍摄，运用自主开发的软件将所采集图片展开拼接成隧道施工平面影像，真实地还原隧道施工期间的掌子面及地质信息，同时为后续的资料回看及长期保存提供保障。

（3）隧道开挖轮廓图像三维重建：基于图像三维重建的隧道初期支护净空检测技术。

初期支护净空检测对于隧道二次衬砌的施作尤为重要，实际初支轮廓向外超出设计初支轮廓时，需要多余厚度的二次衬砌弥补，而实际初支轮廓侵入设计初期支护轮廓时则引起二次衬砌欠厚，二次衬砌欠厚严重时，将严重影响隧道的使用安全。加强初期支护净空检测，为后续初期支护施作提供借鉴是必要的。本技术将设计初期支护轮廓沿隧道方向拓展形成设计隧道初期支护模型，并通过图像三维重建技术构建隧道实际初期支护模型，通过设计隧道初期支护模型和实际初期支护模型的对比，得出各个部位施作的隧道初期支护净空情况。

（4）隧道超欠挖测算：基于图像三维重建的隧道超欠挖检测技术。

三维重建是从平面图像中恢复出三维空间信息，是计算机视觉研究的一个核心且非常热门的领域。基于图像三维重建的隧道超欠挖检测技术通过现场拍摄一系列隧道照片后，进行拍摄照片三维重建，将得到的重建模型与设计开挖轮廓对比分析，即可得到隧道在拍摄段落的超欠挖方量，从定量的角度解决了以往工程中难以解决的超欠挖评价问题。在实际工程中，相比其他方法，该检测方法性价比高、成本较低，不受地点空间限制，仅需数码相机和图像建模软件便可实现。实际拍摄时无距离限制，可以有效避免现场粉尘的干扰，并且可以利用台车拍摄掌子面上部的照片，避免其成为遮挡。

此外，本项技术应用方法如下：

本技术将数字图像点云技术应用在超欠挖检测中，可对开挖轮廓进行可视化显示，并精确地计算出隧道超欠挖量。数字图像点云技术在隧道超欠挖中的应用具体包括隧道开挖轮廓面图像采集、隧道开挖轮廓图像三维重建以及隧道超欠挖测算 3 个部分。

基于图像三维重建的隧道超欠挖检测技术路线图如图 12-1 所示。

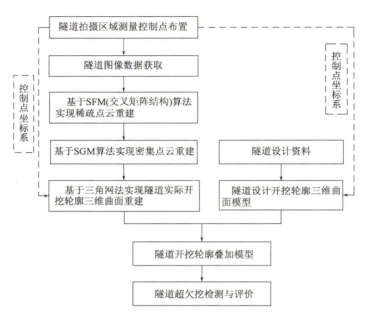

图 12-1　基于图像三维重建的隧道超欠挖检测技术路线

通常，仅进行三维重建只能恢复出场景与拍摄相机的相对位置，缺乏尺度和方位信息，生成的三维点云数据只具有图像空间坐标系，因此，必须将其转变到现实的空间坐标系中。以拍摄区域标定板作为控制点，用全站仪辅助量测，获得标记板中心现实空间坐标，根据空间相似变换原理，建立控制点现实空间坐标与图像空间坐标的变换矩阵，实现点云缩放、平移和旋转等空间几何变换，将点云模型纳入现实世界空间坐标系，从而得到具有绝对坐标系和尺寸的实景点云模型。才能将得到的实景点云模型用于超欠挖检测中。

同时，本技术将图像三维重建技术应用于地质展开图中，记录隧道施工期间的地质情况，主要流程包括图像三维重建、图像展平、图像拼接。而图像展平之后进行平差运算才能拼接出效果好的展开图。由于现实中围岩表面不可能与投影模型完全重合，因此投影过程中必然会产生一定的误差，直接按照展示图坐标对展平后的围岩影像进行合成将会出现鬼影与接缝，因此需要进行平差运算，经过平差运算后，再经过曝光补偿、搜寻最优缝合线和多尺度融合即可得到完整的全景展开图。

本技术在实际推广应用过程中达到了以下技术目标：

①检测毛洞轮廓：通过数字影像拍摄进行三维点云重建隧道开挖毛洞轮廓，并与隧道设计开挖轮廓对比，可得出隧道开挖超欠挖值。

②检测初期支护轮廓：通过数字影像拍摄进行三维点云重建隧道施工初期支护内轮廓，并与隧道设计初期支护内轮廓对比，可得出隧道初期支护轮廓是否达到设计要求。

③记录掌子面及洞壁：监测掌子面围岩情况；先生成结构点云，然后使用设计轮廓构建投影模型，将序列离散的开挖面图像重新投影展开，并重新拼接成高分辨率图像，真实地还原隧道围岩体结构类型、产状及节理裂隙发育等岩体质量指标与性状。

12.3.2 主要技术创新点

（1）本项技术采用数码照相三维重建的隧道超欠挖检测方法，对隧道开挖毛洞、初期支护等净空情况进行检测，生成断面图及偏差云图，并可同步生成洞壁及掌子面展开图，实现施工全过程的净空检测，现场实施效率高、检测范围全面、检测结果直观，可对隧道超欠挖情况进行精准控制，减少隧道不必要开挖与出渣量，进而减少对生态环境的破坏。

（2）对兴义环城高速公路隧道段的实际应用，实现了使用普通单反相机加移动工作站，在不增加工序和干扰正常工序的情况下，通过拍照方法进行隧道施工超前挖的检测和地质展示图的构建。经现场实操，验证该方法具有高效灵活的特点，单循环毛洞拍摄时间可控制在 10min 以内，加上初期支护段的拍摄时间也可控制在 20min 以内。

（3）对拍照数据进行处理后，可以得到隧道各工序作业后隧道的净空信息、地质信息及结构表观质量信息，并获得隧道的超欠挖位置、面积及体积数据。计算结果可以以云图、展开图、断面对比图等直观的手段进行展现，结果数据与施工台账及其他检测方法获得数据基本吻合。现场实践证明，基于照片三维重建的隧道超欠挖检测方法是一种成本低、对施工干扰少、现场作业高效灵活、检测范围全面、检测结果直观的新方法。

12.4 效益评价

本项目通过采用隧道超欠挖数字化控制技术，可实现隧道超欠挖值、面积、体积的检测及可视化展示，实现初期支护喷射混凝土数量以及二次衬砌模筑混凝土的测算，为施工控制提供详细资料。同时，可将三维净空检测设备成本降低至国产三维激光扫描仪成本的30%以下，现场检测时间小于20min/循环，不干扰现有施工。

第13章　喀斯特岩溶隧道突水突泥防治技术

13.1　技术背景

在我国，岩溶分布相当广泛，仅裸露于地表的碳酸盐岩就有 203 万 km^2，加上被覆盖和埋藏于地下的碳酸盐岩，全国岩溶总面积达 363 万 km^2，占国土面积的 1/3 以上。贵州、云南、广西、四川、重庆、湖南、湖北、广东是我国岩溶较为发育的地区，构成了世界上最大的连片裸露型岩溶区，如表 13-1 所示。

岩溶分布统计表　　　　　　　　　　　　　　　　　表 13-1

省 （区、市）	岩溶		裸露性岩溶	
	总面积（万 km^2）	占全省（区、市）面积（%）	总面积（万 km^2）	占全省（区、市）面积（%）
贵州	14.48	82.19	14.07	79.85
云南	21.20	55.19	17.22	44.83
广西	12.75	53.83	10.13	42.77
四川	27.38	56.53	14.25	29.42
重庆	7.84	94.95	3.48	42.10
湖南	9.55	44.96	8.36	39.35
湖北	10.03	53.85	5.64	30.29
广东	2.31	13.05	2.31	13.05
合计	105.54	—	75.46	—

西部岩溶地区大多位于经济发展相对滞后的地区，大规模的公路建设极大地促进了区域经济发展，推动了社会进步，意义重大。与此同时，岩溶地区特殊的地质地貌、水文气象和自然生态环境，使公路工程与岩溶环境的相互作用极其显著。一方面，公路设施建设不可避免地对沿线的岩溶地质和自然环境产生影响；另一方面，特殊的岩溶环境不仅大幅增加了公路建设的难度，而且极易导致各种不同程度的公路工程病害，如图 13-1 所示，严重影响公路设施的使用性能和服务水平，造成不良社会影响。

a) 岩溶塌陷1

b) 岩溶塌陷2

c) 路基下溶槽

d) 路基塌陷

e) 桥基下地下河

f) 水土流失

图 13-1 岩溶地区公路工程问题和病害

  喀斯特地区地质条件复杂，岩溶发育强烈，隧道施工突水突泥现象常发，往往造成地下水系破坏或水资源污染，形成严重的环境问题。截水措施是岩溶隧道突水突泥综合防治的重要组成部分，可以从根源上有效预防突水突泥的发生，同时对环境的影响也最小。随着国民经济的持续发展和西部大开发战略的逐步推进，岩溶地区的公路尤其是高等级公路的建设力度将不断加大。针对复杂的岩溶环境条件，原有的工程技术将难以支撑新一轮的公路设施建设，集中体现在：一是公路工程的岩溶勘察技术落后，隐伏岩溶探测和解析精度低。二是对复杂岩溶条件下公路工程病害机理的掌握不够充分，缺乏有效的预防处治技术。三是公路工程建设对岩溶环境的影响尚不明确，对公路沿线自然生态环境的保护缺少科学合理的技术措施。四是相关现行规范对岩溶地区公路工程的特殊性反映不足，适用性不强。

本项技术依托交通运输部科技示范工程"贵州喀斯特石漠化地区高速公路绿色建造科技示范工程"，在贵州兴义环城高速公路打磨冲隧道和东祥隧道开展喀斯特岩溶隧道突水突泥防治技术示范与研发，可以显著提高突水突泥防治效率，降低岩溶隧道施工对石漠化地区生态环境的影响。

13.2 技术概要

本项技术概要主要包括以下内容：

1) 岩溶隧道突水突泥病害特征及成因分析

一是分析岩溶隧道突水突泥病害特征，根据突水突泥物质来源特点，可将隧道突水突泥划分为地下水静储量消耗型、地表水体塌陷补给型和暴雨补给型。隧道施工期的岩溶突水形式主要有揭穿型和突破型两大类，其中揭穿型又可分为揭穿充水岩溶管道网络和穿越阻水断层两类；突破型可分为渗漏水、水力劈裂和底膨破坏类。二是分析岩溶隧道突水突泥病害成因，主要包括向斜盆地形成的储水构造、断层破碎带、不整合面和侵入岩接触面、岩溶管道、地下河、其他含水构造和含水体等。

2) 岩溶隧道施工期地质预报技术

岩溶隧道施工期地质预报技术包括以下 3 种。一是地质分析法，目前常用的地质分析法主要有地质素描法（数码成像）、超前平行导洞法、不良地质前兆法等。二是钻探法，超前钻探分为长距离（80m）、中距离（40~60m）和短距离（15~30m）三种形式，分为取芯和不取芯两种类型。三是物探法，可分为"场类方法"和"波类方法"两类。

3) 岩溶隧道突水量预测计算方法

目前突水量的预测计算方法很多，归纳起来主要分为近似方法和理论方法。

近似方法主要包括突水量曲线(一般称 Q-S 曲线)方程外推法和水文地质比拟法两种。理论方法可划分为地下水动力学法、水均衡法、数值法、随机数学方法和非线性理论方法。

4) 岩溶隧道突水突泥处理技术

一是建立岩溶隧道突水突泥处理原则，岩溶隧道突水突泥防治措施应遵循"以疏为主、堵排结合、因地制宜、综合治理"的原则。二是分析岩溶隧道突水突泥处理方法，归纳起来主要有封堵、疏导(溶管连通方法)、排泄和截水处理方法。

5) 岩溶隧道突水突泥处理建议

处理方案应根据所在隧道具体工程情况选取，采取堵、排、截等一系列综合措施相结合进行防治。一是在勘探及水文地质分析阶段应尽力做好隧道施工前期工作。二是岩溶处理应尽量避开雨季和暴雨天气。三是对溶洞进行封堵时，应认真测定溶洞的水量、水压，正确判定水流方向，并对涌出物进行分析，以便合理选择注浆方式、材料、参数、工艺、设备。四是地表处理是综合处治的重要组成部分，无论采用以堵为主还是以排为主的方法，设置地表拦截封堵措施都能减少地面降水补给岩溶水的水量，保持地表生态环境不受影响，减少对隧道结构的破坏。

13.3 示范工程应用

13.3.1 主要研究与应用内容

1) 岩溶隧道突水突泥病害特征及成因分析

开展岩溶隧道施工期地表水拦截防治突泥突水的时机选择，研究如何准确把握施用地表水拦截的恰当时机。

一是岩溶隧道突水突泥病害特征分析。根据突水突泥物质来源特点，可将隧道突水突泥划分为以下几种类型：地下水静储量消耗型、地表水体塌陷补给型和暴雨补给型。隧道施工期的岩溶突水形式主要有揭穿型和突破型两大类，其中揭穿型又可分为揭穿充水岩溶管道网络和穿越阻水断层两类。无论何种形式均可对隧道施工构成严重威胁，据综合研究分析，隧道所处岩溶地下水动力剖面分带位置大多决定了岩溶型突水在空间上的分布特征。

二是岩溶隧道突水突泥病害成因分析。岩溶区隧道突水研究必须要注重水文地质条件的研究，岩溶区地质条件比较复杂，从隧道施工期发生的比较严重的突水事件来看，岩溶区易发生突水的地质条件可以分为以下几类：向斜盆地形成的储水构造、断层破碎带、不整合面和侵入岩接触面、岩溶管道、地下河和其他含水构造、含水体。复杂的地质构造必然导致了断层破碎带及可溶岩内部构造裂隙的强烈发育，这些构造裂隙的存在破坏了岩层的完整性，为岩溶水入渗和循环创造了有利条件。在岩溶水不断的溶蚀作用下，裂隙不断扩展形成导水输水能力极强的复杂岩溶管道，而且造成了岩溶地下水分布不均匀，在该区域聚集形成饱水带，成为大气降水、地表岩溶水向地下深处补给、径流及泥沙沉积物运移的通道网络，这便是隧道突水、突泥产生的根本原因。

2）岩溶隧道施工期地表水拦截防治突泥突水时机选择

一是确定岩溶隧道突水突泥的物质来源。根据突水突泥的物质来源，分为3种模式：岩溶充填物随溶洞、岩溶管道裂隙被隧道贯穿而涌入隧道；隧道施工或运营过程中长期排水引发地面塌陷，使隧道与地表水体连通，地表水、土灌入隧道；大气降雨入渗，向隧道排泄。

二是防治突泥突水时机选择。从大量突水突泥灾害发生的时间来看，突水突泥多发生在所在地区暴雨或大雨之后。由于地表水和地下水通过岩溶裂隙管道连通，一般情况下，地表连降暴雨几个小时以后，突水量会明显突然增加。如1998年4—7月暴雨频降，造成了华蓥山隧道20余次特大突水事件，突水洪流几乎与暴雨同期产生，滞后时间在1d以内，洪流由暴雨降落地表形成，首先渗入岩溶地层转化为岩溶水，然后进入隧道成为突水流。因此，降雨是诱发突水突泥的重要因素。

3）岩溶隧道施工期地表水拦截防治突泥突水范围确定

在岩溶发育程度和溶蚀强度很强的地区，岩溶病害严重、密度大、发育程度高，情况不易查清，根据避重就轻、防害兴利的原则，在选线时可以根据岩溶发展的规律和岩溶带的分布情况，通过路线的合理布局避绕，以减少岩溶病害的影响，但很难完全避免病害发生，有时经过技术经济比较后，采用一些工程处治措施进行处理也许更为有利，因此在认识了病害的危害性后，如何针对其特点积极采取适当的工程措施来处理成为关键。

4）岩溶隧道施工期地表水拦截防治突泥突水措施选取

一是确定岩溶隧道突水突泥地表水拦截的措施，具体包括引排水封堵、跨越和绕行。

二是避免地表水拦截对石漠化地区脆弱生态环境的破坏。岩溶地区公路建设的水环境破坏形式主要有以下几类：①改变水流通方向。这种形式的水环境破坏对岩溶水的总水量没有影响，但对地表水与地下水的水量比例有较大影响。由于改变了地表（下）水的径流路径，影响了地下水的调节功能，从而造成了水环境的破坏。典型的实例是在高速公路处于水系上游时，冲沟发育，在公路修建前地表水沿冲沟向下游汇流。②阻断地下水补给源的水环境破坏。岩溶地下水单元补给区的水环境破坏主要有落水洞补给通路被切断、裂隙下渗通路的封闭和皮下水的破坏三种形式。③截断地下水的流通路径。雨季时岩溶管道成为地下水的径流通道，公路的开挖使原来的地下径流变为地表径流，地下水水量减少。或是公路的开挖切穿到地下浅埋潜水面或裂隙型的补给通道以下，造成地下水溢出，从而造成地下水的破坏。在峰丛区表现为公路边坡的渗水现象，在丘陵平原上可表现为地下水的大量涌出。④封堵地下水的排泄口。这类水环境破坏的实例并不少见，一般发生在谷地底部及盆地边缘，峰丛地区的管道水在谷地底部出露，正好位于公路中间。⑤工程扰动类水环境破坏。⑥复合型的水环境破坏。这一类水环境破坏指在公路的同一路段，形成了两种或两种以上的水环境破坏形式。

三是确定岩溶隧道突水突泥地表水拦截的经济性和有效性。对不同类型的病害，应做技术经济分析后确定最终处理措施。一般单一的处理措施很难满足要求，特别是几种病害同时存在时往往需要多种措施综合整治，在选择工程处理措施时应做多方案技术经济比较，以发挥不同方案组合的优势，达到最佳效果。随着新材料、新工艺、先进机械设备及仪器的不断出现，以及岩溶地区公路施工经验总结积累，岩溶隧道病害处理的新技术、新方法必将出现，新技术、新方法往往有无可比拟的优点，有时甚至会带来新的病害治理思路。

5）岩溶隧道施工期突泥突水防治地表水拦截技术的响应机制研究

一是进一步研究岩溶隧道突水突泥地表水拦截的措施。隧道施工中拦截地表水多采用封堵的方式。封堵主要采用注浆方式进行，如径向注浆、局部注浆、补充注浆、局部或全断面预注浆等。径向注浆主要解决隧道周边大面积湿渍或渗漏水现象；对于岩层的溶隙、软弱夹层的局部有股状突水现象，出水比较清澈，受大气降雨影响不大的情况，可采用局部注浆方法，如来水方向确定水压较小时可直接封堵，否则可间接封堵。这两种方法适用的条件为 $2m^3/h ≤ $ 水量 $Q < 10m^3/h$ 和 $0.2MPa ≤ $ 水压 $P < 0.5MPa$。对于高压水的封堵十分困难，此时应考虑排水方案。

二是研究确保岩溶隧道施工的安全和效率的措施。岩溶处理是一项复杂的技术，应因地制宜，综合治理。治理方案应根据所在隧道具体工程情况选取，采取堵、排、截等一系列综合措施相结合进行防治，一方面应考虑对周围环境及居民生产、生活的影响，另一方面应一次根治、不留后患，确保隧道施工和运营安全。在勘探及水文地质分析阶段应尽力做好隧道施工前期工作。必须查明隧道经过地段地下水状态、类型，特别是地下水的运行规律，如径流走向、突水量。应尽力收集隧道所在地域的水文地质资料，如降水、径流、地形构造、地下水补给排泄方式等。尽可能弄清岩溶分布、连通情况等。加强施工中地质预测、预报工作对于提前采取有针对性的措施处理突水突泥非常重要。由于不同的超前预报方法有各自的优点和不足，且受各种条件的限制，采用单一方法准确预测预报比较困难，因此预报应结合地质勘察结果采用多种手段相互验证、相互补充，综合分析得到最符合实际的结果。应根据隧道开挖后的情况及时调整方案。

13.3.2　主要技术创新点

（1）本项技术针对喀斯特山区隧道突水突泥特点，在对岩溶隧道施工期地表水拦截防治突泥突水的时机判断、范围确定、措施选型和响应机制等方面进行研究的基础上，采取堵、排、截等一系列技术进行综合防治，实现岩溶地区地下水资源保护，避免路域石漠化进一步加剧。

（2）开展了岩溶隧道突水突泥病害特征及成因分析、岩溶隧道施工期地质预报技术分析、岩溶隧道突水量预测计算方法分析和岩溶隧道突水突泥处理技术分析，进行地表水拦截岩溶隧道突水突泥防治技术的研发显著提高了突水突泥防治的效率，解决了施工大量突水排出的同时还经常会造成地表水土流失的问题及其他环境问题。

（3）提出了岩溶隧道突水突泥处理建议。提出了应因地制宜的综合治理方案，具体包括在勘探及水文地质分析阶段应尽力做好隧道施工前期工作；应尽力收集隧道所在地域的水文地质资料；应根据隧道开挖后的情况及时调整方案；对溶洞进行封堵时应认真测定溶洞的水量、水压，正确判定水流方向，并对涌出物进行分析等对策建议。

13.4　效益评价

通过采用喀斯特岩溶隧道突水突泥防治技术，可以显著提高突水突泥防治效率，降低防治成本50%以上，减少岩溶隧道施工对石漠化地区脆弱生态环境的影响。此外，溶洞对隧道稳定性有较大影响，其位置对隧道顶板稳定性的影响程度要大于溶洞大小对顶板稳定性的影响程度，离顶板越近对顶板的稳定性影响越大。岩溶处理是一项复杂的技术，应因地制宜、综合治理。治理方案应根据所在隧道具体工程情况选取，采取堵、排、截等一系列综合措施相结合进行防治，考虑对周围环境及居民生产、生活的影响，应一次根治、不留后患，确保隧道施工和运营安全。岩溶处理应尽量避开雨季和暴雨天气，天气连晴数日（一般超过一周）是溶洞处理的较佳时机。地表处理是综合处治的重要组成部分，设置地表拦截封堵措施，对减少地面降水补给岩溶水水量、保持地表生态环境、减少对隧道结构的破坏都具有积极意义。

第14章　煤系地层瓦斯隧道安全设计及施工技术

14.1 技术背景

贵州是我国产煤大省，建设高速公路的隧道将不可避免地穿越煤层或采空区，瓦斯隧道数量呈上升趋势，易引发煤与瓦斯燃烧、爆炸及煤与瓦斯突出等安全事故。煤系地层高速公路隧道施工防突与防塌难度大，施工安全控制问题非常突出，直接关系到隧道施工及运营的安全，处治不当将产生瓦斯突出或爆炸等严重的瓦斯灾害及恶劣的社会影响。

煤系地层地质条件复杂、岩体破碎、自承能力差、富含瓦斯等有害气体、受地下采动或已有采空区的影响等，煤层隧道设计与施工中面临着防突、防塌、防瓦斯等安全问题，但以往相关设计、施工规范对于指导煤系地层隧道工程的设计与施工还是存在一定差距，公路瓦斯隧道的勘察、设计、施工、管理等环节长期以来处于一种无据可依、无章可循的尴尬境地。施工中难以做到有的放矢，施工风险高。长期以来，瓦斯隧道的设计和施工主要依据煤矿系统和原铁道部2002年7月1日颁布实施的我国第一个完整的瓦斯隧道技术标准《铁路瓦斯隧道技术规范》(TB 10120—2002)。因以往公路瓦斯隧道建设数量较少，公路行业有关隧道内瓦斯防治的规定分散在各个规范的章节中，缺乏系统性和完整性，无法提供瓦斯隧道工程设计与施工所需的直接依据和解决方案。鉴于公路瓦斯隧道在建设目的、规划选线、断面尺寸、通风系统、机电设备配套、施工工艺与管理水平等方面不同于煤矿巷道因而无法完全照搬煤矿系统相关规范与规程的窘迫现状，针对瓦斯隧道设计和施工关键技术难题，国内公路、铁路行业先后开展了大量的研究工作，其中贵州省交通运输厅、科学技术厅也先后开展了多个瓦斯隧道设计与施工技术相关的研究课题，并于2014年立项组织编写了《贵州省高速公路瓦斯隧道设计技术指南》和《贵州省高速公路瓦斯隧道施工技术指南》。这是我国公路行业第一次正式发布有关瓦斯隧道设计和施工技术及管理方面的指导性技术规程，在很大程度上提高了公路瓦斯隧道的设计和施工技术能力，初步规范了瓦斯隧道勘察、设计、施工及管理的技术标准，目前已被国内公路和铁路行业广泛借鉴。

大量工程实践案例和现状调研表明，目前公路或铁路瓦斯隧道的设计和施工技术研究主要针对低、高瓦斯隧道，而针对瓦斯突出隧道的研究很少，相关设计和施工主要直接依据煤矿系统揭煤防突相关规范和规程，缺乏针对性的技术方案和依据。瓦斯突出隧道相对低、高瓦斯隧道而言，揭煤防突施工难度大，施工风险更高，同时煤矿系统有关瓦斯突出防治措施和技术标准是否完全适应大断面瓦斯隧道还有待商榷。此外，煤系地层瓦斯隧道大变形支护参数优化、瓦斯隧道不动火施工技术、瓦斯隧道安全施工监控量测技术与施工安全应急救援管理体系等与常规公路隧道存在较大的差异，有关技术标准还不明晰。

基于以上原因，有必要开展对煤系地层瓦斯隧道安全设计及施工技术的研究。

14.2　技术概要

本项技术在打磨冲隧道和毛栗坪隧道 2 座煤系地层瓦斯隧道开展了相关示范与研发。按照贵州喀斯特石漠化地区高速公路绿色建造科技示范工程实施方案，在兴义环城高速公路已有成果的基础上开展瓦斯隧道的分类及瓦斯工区等级的划分，针对瓦斯隧道的特点，研究不同等级瓦斯工区电气设备和作业机械的防爆要求、瓦斯隧道安全施工监控量测技术与安全管理标准，完善瓦斯安全防治关键工序。

14.3　示范工程应用

14.3.1　主要研究与应用内容

1）开展瓦斯隧道的分类及瓦斯工区等级的划分

谢衔光根据都汶高速公路紫坪铺隧道 2005 年特大事故的安全监理工作实践经验总结，将高瓦斯隧道内火源分为作业火源和非作业火源两类。以此为基础，列出相关火源明细,如表14-1所示。瓦斯工区的电气设备和作业机械应按以下规定配置和使用：微瓦斯工区的电气设备和作业机械可使用普通型；低瓦斯工区的电气设备应使用矿用防爆型,作业机械可使用普通型；高瓦斯工区、瓦斯突出工区的电气设备和非行走式作业机械应使用矿用防爆型,行走式作业机械可使用普通型,但应进行主动防爆改装。其中瓦斯突出工区在进行超前探测、突出危险性采取预防措施及防突措施效果检验过程中,禁止其他与防突工作无关的任何作业；瓦斯工区的普通型行走式作业机械必须在瓦斯浓度低于0.5%以下时方可使用。配置表见表14-2。

高速公路高瓦斯隧道主要火源一览表　　　　　　　　表14-1

序号	总体分类	火种具体来源
1	作业火源	非防爆或防爆功能失效的动力与照明电缆
2		非防爆或防爆功能失效的电器与保护装置
3		非防爆或防爆功能失效的照明设备
4		非防爆或防爆功能失效的洞内局部通风设备
5		非防爆或防爆功能失效的大型作业机械设备
6		非防爆或防爆功能失效的各类测量与监测设备
7		作业过程如焊接、撞击、钻孔、出渣等
8		摩擦静电
9	非作业火源	进洞人员违规吸烟
10		违规进洞带火机、火柴等火种
11		普通手机违规进洞
12		未穿棉质衣物人员进洞
13		非防爆或防爆功能失效的进洞手电
14		进洞人员随身携带的钥匙链等金属品撞击

瓦斯工区电气设备与作业机械配置表　　　　　　　　表14-2

设备类型	瓦斯工区			
	微瓦斯工区	低瓦斯工区	高瓦斯工区	瓦斯突出工区
高低压电机和电气设备	普通型	普通型	矿用防爆型	矿用防爆型
照明灯具	普通型	普通型	矿用防爆型	矿用防爆型
通信、自动化装置和仪表、仪器	普通型	普通型	矿用防爆型	矿用防爆型
行走式作业机械	普通型	普通型	安装瓦斯监控断电报警仪的普通型	安装瓦斯监控断电报警仪的普通型

经过改装的机械设备进场前必须经过防爆性能验收，完全满足要求后方可进场作业。对改装设备，设置专职维护人员对经防爆改装的机械设备防爆元器件进行经常性检查，若发现失效部件，必须立即更换。普通的非防爆设备必须在瓦斯浓度 0.5% 以下的安全环境下使用，作业过程应加强通风和瓦斯检测工作。

2）研究不同等级瓦斯工区电气设备和作业机械的防爆要求

（1）爆破物品和起爆方式应满足防爆要求，其中煤矿许用炸药的选择见表 14-3。

煤矿许用炸药的选择　　　　　　　　　　　　　　　表 14-3

瓦斯工区		炸药型号
微瓦斯工区		普通炸药（加强瓦斯检测和炮孔堵塞）
低瓦斯工区	岩石爆破	不低于 1 级的煤矿许用炸药
	煤层爆破	不低于 2 级的煤矿许用炸药
高瓦斯工区		不低于 3 级的煤矿许用炸药
瓦斯突出工区		不低于 3 级的煤矿许用含水炸药

所有钻孔均采用湿式钻孔方式；一切出渣方式均采用湿式出渣。环向钢拱架各节段之间应采用螺栓连接，钢拱架之间纵向连接筋宜采用螺栓或预焊在拱架上的套管连接。当遇特殊情况必须采用电焊、气焊或喷灯焊接作业（包括防水板、止水带接头、热熔垫片焊接）时，动火作业应纳入工序管理，进行任何一项动火作业均应制定相应安全措施，经项目部技术负责人、现场监理负责人审批后方可实施，并做好安全防护工作。作业时需遵守下列规定：指定专人在场检查和监督。进行电焊、气焊和喷灯焊接等工作时，必须在工作地点的下方用不燃性材料设施承接火星。电焊、气焊和喷灯焊接等工作地点的风流中，瓦斯浓度不得超过 0.5%，且只有在检查证明作业地点附近 20m 范围内顶部无瓦斯积存时，方可进行作业。电焊、气焊和喷灯焊接等工作地点的前后两端各 10m 范围内，应有供水管路，有专人负责喷水。上述工作地点应至少备有 2 个灭火器。电焊、气焊和喷灯焊接等工作完成后，工作地点应再次用水喷洒，并查验火源，发现异状，立即处理。在有煤（岩）与瓦斯突出危险的工区中进行电焊、气焊和喷灯焊接时，必须停止突出危险区内的一切工作。在高瓦斯或瓦斯突出工区掌子面附近进行动火作业时，应喷浆封闭掌子面及暴露岩面，方可按规定进行电焊、气焊和喷灯焊接等工作。

（2）非作业火源控制。实施洞口封闭式管理，在隧道洞口设置人员和车辆门禁系统，严格进行洞口登记，加强人员和机械设备进洞安检，禁绝非施工火源进洞。重点做到禁绝香烟、火机、手机、未穿棉质衣物人员、非防爆或防爆功能失效的手电、随身携带的钥匙链等一切金属品进洞；全程做好人员进洞和出洞登记工作。

（3）临时用电安全与设备失爆巡查。施工过程中由于供电系统或瓦斯监测系统的原因，曾多次出现双风机停电停风事故，对隧道的安全生产造成威胁。因此，需加强临时供配电系统专项设计，按瓦斯等级合理配置防爆设备，建立机电设备状态评估与巡查制度，杜绝火花、高温等火源隐患。为满足瓦斯隧道工区供电需求应配置两路电源，每个洞口供配电应自成独立的系统。在洞外集中设置三台变压器，一台供洞外生活区、钢筋加工厂和拌和站、高压风站等用电；一台供洞内设备（如混凝土输送泵、振捣机等）和洞内照明等用电；一台供通风机设备及瓦斯监控系统等用电，且与发电机组连接作为第二电源，当高压停止供电时，发电机应在 15min 内启动。供电系统应按照三级选择性断电原理进行设计，三级选择性断电是指总馈电开关为一级、分支馈电开关为二级、电磁启动器为三级。上下级动作保护时限级差为 200~500ms，可根据需要人为整定。违章作业打开接线腔盖板的时间 >1min，打开主腔时间 >10ms，即打开接线腔盖板或主腔前，保证上级开关断电，从而满足上级断电时间的要求。

此外，对于掌子面低压安全供电系统，因隧道掘进，工作面台架、防水板铺设台架与二次衬砌台车随着施工推进需要前后移动；同时受掘进爆破振动和飞石影响，易造成工作面低压供电系统电缆损伤和台架安设的矿用隔爆型照明灯具玻璃罩损坏，从而导致工作面低压供电系统易失爆。因此，掘进工作面供电系统应选用新型照明综合保护装置、防爆照明配电箱、矿用屏蔽监视型照明电缆和矿用隔爆兼本质安全型 LED（发光二极管）支架灯或投光灯。新型照明综合保护装置是在传统照明综合保护装置中增加了"快速断电"技术及电缆绝缘监视保护电路，当电缆遭到破坏时，首先触发一级保护，电缆的电源被切断。采用 LED 冷光源照明灯具的灯罩被打碎或电缆短路均不会产生电火花，是目前最安全的照明灯具，同时适当提高照度、减少作业人员视觉疲劳，有利于保持高度警觉、集中注意力、避免安全事故发生。

3）瓦斯隧道安全施工监控量测技术与安全管理标准研究

（1）瓦斯隧道安全施工监控量测技术。

随着科学技术的进步，生产自动化和管理现代化的矿井日益增多，传统的人工检测和一般的检测装备及其监测技术已无法适应现代化矿井生产发展的需要。于是，系统监测技术和各种类型的安全监测系统装备相继问世，并逐步取代各种简单的监测手段。

①瓦斯自动监控系统。目前国产矿井安全监控系统较为成熟且使用量较大的有 A 系列、KJ 系列及 TF 系列。其技术基本已达到国际先进水平。自动监控系统由监控中心站、分站、输入、输出设备构成。监控中心站与分站之间通信，接收分站内的信息，可以对分站发出指令，对接收的信息进行处理、显示、报警，通过外围设备可以将信息进行打印、上传、发送等。分站接收由输入设备采集到的信号，通过逻辑变换输出控制信号，通过断电器对控制对象进行通、断电控制。系统通过在洞内安装的瓦斯传感器、风速传感器、一氧化碳传感器、烟雾传感器等测定洞内瓦斯参数，并将此信息回馈至主控计算机进行分析处理，对洞内瓦斯、风速、风量和主要风机实施风电瓦斯闭锁及风量控制，瓦斯超标时自动进行洞内传感器和洞外监控中心声光报警，再通过设备开停传感器、馈电断电器对被控设备自动断电。系统可及时准确地对洞内各工作面的瓦斯状况进行 24h 全方位监控，可实现每 5min 抽样一次，抽样峰值可存 1 年。在控制室地面可对隧道内任意一点发出控制指令，用以开、停机电设备，执行时间小于 0.2s。当 CH_4 浓度超过规定值时，井下控制器自动断电。瓦斯隧道自动监控系统组成如图 14-1 所示，瓦斯自动监控系统布置如图 14-2 所示。

②瓦斯人工检测。瓦斯人工检测包括三个部分：一是工区内作业点的日常巡检。重点检测掌子面迎头风流、掌子面回风流、巷道总回风流及各作业地点断面处的瓦斯浓度，电气设备与局部通风机地点，模板台车等各种作业台车附近，局部超挖、塌腔、加宽带、联络通道及预留洞室中等瓦斯易于积聚区域等位置处。二是瓦检员按瓦斯检测图表测点和顺序进行周期巡检。钻爆作业过程中执行一炮三检制度，在装药前、放炮前、放炮后，放炮员、专职瓦检员、安全员同时检查开挖工作面附近 20m 范围内的瓦斯浓度，瓦检员跟班作业。瓦斯超前探测重点结合超前探煤或爆破钻孔过程中，对瓦斯动力现象和孔口瓦斯浓度的测试，从而预测前方地层瓦斯含量，该过程中瓦检员跟班作业。三是人工瓦斯巡检。对于上台阶采用 4 点法，对于全断面采用 6 点法，测点应距离周边轮廓 20cm。当出现瓦斯异常涌出点时应加密检测点。瓦检员跟班作业，实行现场

交接班制度，以 3 次/班的检测频率进行巡检，当工区长度增加时，根据情况增加瓦检员。

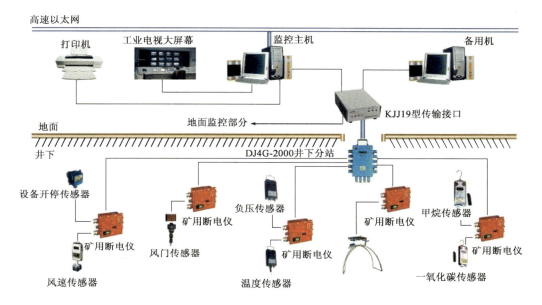

图 14-1　瓦斯隧道自动监控系统组成

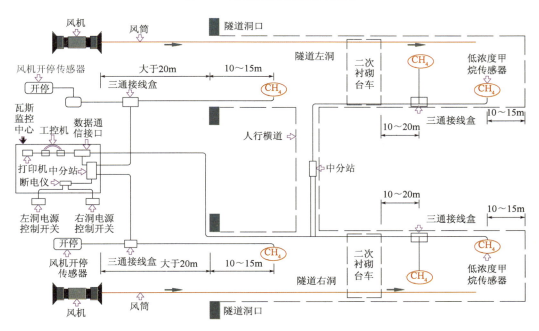

图 14-2　瓦斯自动监控系统布置图

③回风风速与瓦斯涌出量统计。隧道施工环境中氧气含量按体积计不应小于20%，二氧化碳浓度不超过0.5%，坑道内温度不宜高于30℃。隧道采用机械通风，必须满足洞内各作业点所需的最大风量、风压。风量按每人每分钟供应 $4m^3/min$ 的新鲜空气计算，采用内燃机械作业时，1kW 供风量不宜小于 $3m^3/min$。风速在全断面开挖时不应小于0.25m/s，过煤层施工时最小风速不小于0.5m/s。瓦斯工区所需风量，必须按照爆破排烟、同时工作的最多人数、作业机械及瓦斯绝对涌出量分别计算，并按允许风速进行检验，采用其中的最大值。按瓦斯绝对涌出量计算风量时，应将洞内各处的瓦斯浓度稀释到0.5%以下。通常情况下，瓦斯工区多采用台阶法施工，爆破排烟所需风量较小，而瓦斯隧道施工需风量一般由稀释瓦斯需风量或允许风速需风量控制。因绝对瓦斯涌出量一般在勘测设计阶段难以获取，所以从实际出发，采用最低允许风速为控制指标进行风量计算。参照《铁路瓦斯隧道技术规范》（TB 10120—2002）、《公路隧道施工技术规范》（JTG F60—2009），隧道施工中防止瓦斯集聚的风速不得小于0.5m/s，因此需风量为 $Q = A \cdot S = 65.61 \times 0.5 = 1968 m^3/min$。

为了确保开挖工作面稀释瓦斯所需风量，对洞内风速进行跟踪观测，风速和风量的测试一般取距离洞口20~30m位置处断面。低速风表测量范围为0.3~5m/s，起动风速≤0.2m/s，风表非线性误差绝对值≤0.1m/s。当隧道工区内风速较低无法直接测出回风风速时，可测试压入式风管出口风速。因公路隧道断面大，难以直接测隧道风速，因此用高速风表测定风筒出口风量，用秒表计时，每次测1min，连续测3次，取平均数计算转速，对照风表特征曲线，计算风速和风量；现场通过光干涉式甲烷检测仪检测瓦斯浓度，每个断面布置瓦斯检测点不少于6个，采用算术平均法计算出该断面平均瓦斯浓度。根据供风量和工区回风流瓦斯浓度，可计算出隧道内瓦斯绝对涌出量。

（2）瓦斯隧道通风技术研究与应用。

公路瓦斯隧道通风数值模拟分析。瓦斯隧道施工过程中，煤层中的瓦斯将会从基质中解吸出来，然后通过煤岩体裂隙运移流动，最终会渗流到隧道内，导致瓦斯在隧道内积聚，瓦斯气体与空气混合，有可能导致瓦斯爆炸事故的发生。因此，必须采用机械通风的方式尽快将隧道内积聚的瓦斯气体排出隧道，以降低隧道内瓦斯气体浓度，保证施工和运营安全。隧道通风方式、稀释瓦斯所需风量、风速、瓦斯涌出量对通风效果有着直接影响，为了掌握瓦斯涌出量与风速、风量之间的关系，本节通过采用计算流体动力学 Fluent 软件分别分析了初始瓦斯涌出量为 $0.3m^3/min$、$1.5m^3/min$ 及 $3m^3/min$ 并按照负指数函数衰减的三种工况下的压入式通风效果，寻找瓦斯隧道通风风速、风量与瓦斯涌出量之间的关系。

（3）通风主导型施工组织管理。

①通风系统设计与管理影响因素分析。加强通风是稀释瓦斯浓度最有效、最快捷的途径。为了更全面地认识瓦斯隧道施工过程中通风管理工作的重要性，从通风理论和通风技术方面分析总结影响通风的主要因素。

②通风主导型施工组织管理流程。主要包括通风主导型施工组织管理基本原则和流程、通风主导型施工组织管理实施要点，通风系统配置及日常维护、测风管理工作和瓦斯检测与监测等内容。以煤层瓦斯超前探测和瓦斯地质分析为基础，以瓦斯检测和测风管理为核心，将测风纳入工序管理，强化测风在预防和防治瓦斯事故中的重要作用。通过规范测风与瓦斯检测管理工作，以通风风速与风量、瓦斯浓度两个双控指标为依据进行施工控制和管理，动态调整优化通风系统，确保工作面有足够供风量，尽快稀释排出瓦斯，降低瓦斯浓度，保证施工安全。瓦斯隧道通风主导型施工组织实施的基本原则可总结为：安全第一、超前预报、合理分级、通风主导、风瓦并重、防爆得当、严控火源。通风主导型施工组织管理流程如图 14-3 所示。

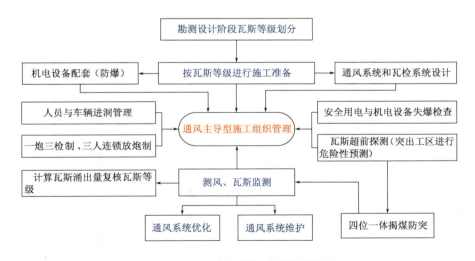

图 14-3 通风主导型施工组织管理流程

③瓦斯工区测风管理。瓦斯隧道通风主导型施工组织管理的核心是测风与瓦斯检测。加强测风工作，实现瓦斯隧道安全施工，同时复核工区瓦斯等级，优化设计和施工。为了规范测风工作，对瓦斯工区测风管理进行分析总结。

④其他主要管理措施。主要包括瓦斯地质超前预报、一炮三检制和三人连锁放炮制、光面爆破与支护结构施作和瓦斯隧道施工高温火源控制。

(4) 通风系统分析。

主要包括隧道掘进施工风量计算、通风设施、风机计算等内容。在隧道掘进施工风量计算方面，根据公路隧道施工的实际情况，既要解决隧道安全生产的最低用风量，又要为处理瓦斯分层、消除隧道顶部瓦斯积聚隐患创造必要条件，同时考虑隧道断面大这一实际困难，以上按照最低风速要求计算最大需要风量，故隧道所需风量为 $1968m^3/min$（按照最低风速 $0.5m/s$ 计算）。

毛栗坪隧道煤系地层瓦斯隧道安全设计及施工照片如图 14-4 所示。

图 14-4　毛栗坪隧道煤系地层瓦斯隧道施工照片

14.3.2　主要技术创新点

（1）开展了瓦斯隧道安全施工监控量测技术分析，瓦斯自动监控系统和瓦斯安全监测系统是集传感器技术、计算机技术、监控技术和网络技术于一体的现代化高科技综合系统，主要监测参数有采区产量、井下煤仓煤位、采煤机机组位置、运输机械、提升机械、设备监控、设备故障监测和效率监测、采掘工作面、机电硐室、采区主要进回风巷道等自然环境参数，在一定地点及工作场所设置报警和执行装置，以便防止和预报灾害。

（2）瓦斯事故发生需同时具备三个条件（瓦斯浓度、氧气和高温火源），限制了其中的一个必要条件，就可避免瓦斯事故的发生。降低瓦斯浓度或杜绝高温火源是避免事故发生的唯一途径，而加强通风是最有效的方法，但在大量瓦斯隧道工程施工中并未得到有效实施。本项技术提出的通风主导型施工组织管理模式，强调了通风系统配置、优化及测风与瓦斯检测管理工作在瓦斯工区安全施工中的核心作用，可从根本上扭转目前重瓦不重风、片面强调设备防爆的局面，有助于提高瓦斯隧道管理技术水平。

（3）瓦斯隧道通风主导型施工组织管理模式以瓦斯浓度、风速、风量等指标共同指导施工，强调风瓦并重，两者是相辅相成、不可偏废，应同时纳入日常施工管理程序，建立完善的瓦斯隧道施工管理体系，对瓦斯隧道瓦斯事故的预防起着决定性作用。

14.4　效益评价

在兴义环城高速公路打磨冲隧道和毛栗坪隧道2座煤系地层瓦斯隧道采用该技术，可形成贵州省瓦斯隧道设计与施工相关标准，解决高速公路煤系地层瓦斯隧道建设中的相关技术难题，为煤系地层瓦斯隧道绿色安全施工提供技术保障。

（1）减少灾害发生、保障工程和人身安全。瓦斯不稳定将带来严重的灾害，危及人身安全。瓦斯隧道施工安全研究所取得的成果应用于工程中，将有效减少瓦斯带来的次生灾害，保障工程和人身安全，减少经济损失。

（2）促进行业技术进步。本研究将获得可直接应用于公路、铁路瓦斯隧道等涉及瓦斯的相关地下工程，对完善相关规范、促进行业技术进步将起到积极的推动作用。

（3）提高交通建设科技人才的培养和技术水平。本项技术紧密结合贵州省重点公路建设开展研究，通过本课题的实施，将普遍提高技术人员的科研素质和学术水平，有利于培养和造就一批从事公路科研的科技工作者。

第 15 章　隧道预制装配式仰拱结构快速施工技术

15.1　技术背景

我国山岭隧道一般采用新奥法进行施工，其具有地质适应能力强、经济性等优势。新奥法可简要概括为"少扰动、早喷锚、快封闭、勤量测"四个原则，在软弱围岩段，一般均设有仰拱。仰拱是为改善上部支护结构受力条件而设置在隧道底部的反向拱形结构，是隧道衬砌结构的主要组成部分之一。仰拱一方面能将隧道上部的地层压力和路面荷载通过隧道边墙结构有效地传递到地下，同时还能有效抵抗隧道下部地层传来的反力。仰拱与拱墙二次衬砌封闭成环构成隧道衬砌整体，增加结构稳定性。国内外许多学者及工程技术人员通过模型试验、现场实测、数值分析等研究方法，对仰拱在隧道支护体系中所发挥的力学效应做了大量研究并取得了诸多宝贵成果。然而，施作仰拱对掘进的干扰大一直是国内隧道钻爆法施工中的一大难题。传统仰拱施工方法由于其先天的缺陷性很难将工程建设质量安全的标准、程序、规定全部落实到现场，加之仰拱施工阶段频发的违规操作、偷工减料等行为，工程质量安全很难得到有效保障，仰拱施工已成为隧道建设过程的控制性工序。

根据大量施工现场的实际调研与已有研究成果的分析，现行的各类仰拱施工方法未能解决的关键问题主要有：施作仰拱对掘进干扰大，仰拱施工与洞内运输作业相互影响；仰拱二次衬砌立模工序烦琐，立模浇筑后质量难以保障，导致仰拱施工进度远落后于掌子面开挖进度，二次衬砌等后续工序也相应滞后；施工过程不规范，偷工减料等违规施工现象频现，为隧道结构体系稳定埋下安全隐患；缺乏一套规范的仰拱施工流程及相应配套设备，仰拱施工现场组织混乱，文明程度低。

现有的仰拱施工方法及优缺点整理如下：

（1）仰拱半幅施工法。

先挖掘并浇筑半幅仰拱,剩余半幅作为通车道路。等一侧施工完成后换另一侧进行施工,二者交叉进行,最后连接为整体。

优点:施工便利,不需要额外增加投入,运输作业较为安全。缺点:隧道中间形成纵向施工缝,降低了隧道的整体性和防水能力,对隧道整体受力结构产生了不利影响,易产生隧底翻浆冒泥病害,给隧道运营留下病害隐患。

(2)仰拱预制块施工法。

仰拱预制块施工法一般应用于 TBM(全断面隧道掘进机)法施工的隧道,仰拱预制块的生产在预制工厂内采用流水线作业方式进行,然后由专用平板车和固定编组成列的运输列车运至 TBM 后配套材料车链条拖拉装置处,由拖拉装置拖到设备桥下部,用专用仰拱起重机运至预定安装位置后进行拼接及防水密封处理后即完成仰拱施工作业。

优点:施工机械化程度高,快捷安全。缺点:多应用于 TBM 法施工,需配备专业的仰拱预制块运输机械及相应的吊装设备。

(3)平行导坑运输施工法。

利用平行导坑进行运输(出碴和进料),正洞作为仰拱施工通道,即通过改变运输路径的方法使仰拱施工与洞内交通互不干扰。

优点:施工便利,作业安全。缺点:只适用于有平行导坑设计的隧道(平行导坑的设计主要考虑工期及增加开挖面等需要),如果专门采用平行导坑实施仰拱作业,则费用较高。此外,平行导坑的存在对于正洞运营存在隐患。

(4)仰拱顺序施工法。

在隧道贯通之后,再进行仰拱施工与铺底作业。即正洞贯通后,从一端反向施工仰拱与铺底作业。

优点:施工便利,作业安全。缺点:不能早期控制隧道稳定性,对围岩变形较大以及变形周期较长的软岩隧道尤为不利,同时延长了施工工期。

(5)仰拱栈桥施工法。

施设仰拱栈桥跨越整个仰拱开挖槽,利用栈桥的通过能力保证仰拱施工时洞内车辆的正常通行,待已浇筑的仰拱混凝土强度满足通车强度要求后移动栈桥直到下一隧底开挖槽上,依次循环使用。

以上方法各有利弊及其适用的局限性,仰拱一次性全幅施工、仰拱与填充分次灌注已经成为隧道施工的基本要求,半幅仰拱施工方法逐渐被禁止,特别是对于底板为软岩大变形或者其他地质灾害地段，仰拱全幅施工显得非常必要，这也将会成为隧道施工的一个趋势，同时也是根治隧道运营病害的关键。

预制装配式结构最早用于建筑结构，但由于具有质量好、建造效率高、受环境影响小等优点，各国技术人员相继尝试将装配式衬砌应用于隧道及地下工程中。盾构隧道就是装配式衬砌的典型代表，盾构隧道一般适用于城市软土地层，采用全环预制管片的方法。在山岭隧道中，TBM法可以实现全环预制管片，但仅适用于硬质圆形隧道，具有一定的局限性。西秦岭隧道采用开敞式TBM配合钻爆法的施工方法，将仰拱进行预制，来实现硬质圆形隧道的快速施工。隧道仰拱的及时施作是十分重要的，同时复杂地质下的山岭隧道只能采取钻爆法开挖，全环预制衬砌难度较大，因此采取仰拱预制+现浇上部结构的方法可提高仰拱质量和施工效率。过去由于爆破技术不成熟，采用钻爆法施工的山岭隧道经常出现严重的超欠挖情况，导致装配式衬砌难以安装；同时预制块精度不够，接头防水性能较差，导致预制仰拱难以实现。随着我国地下工程的快速发展，隧道开挖轮廓已经能够得到较好的控制，装配式仰拱已经具有实现的基础，其具有如下几个优点：

（1）仰拱提前预制，仰拱开挖后能够及时封闭成环；

（2）仰拱在单独的预制场施作，仰拱质量能够得到有效控制；

（3）机械化施工，减少劳动力，仰拱施作流程规范化。

15.2 技术概要

本技术以毛栗坪隧道工程为依托，采用理论分析、数值模拟、现场试验的综合研究手段，论证提出了适用于公路隧道的装配式仰拱最佳方案，现场试验验证了方案的可行性，对比分析了采用装配式仰拱和整体现浇仰拱的衬砌受力特性。预制装配式仰拱结构在毛栗坪隧道获得成功应用，主要技术概要如下：

（1）基于装配式衬砌理论计算模型比选，采用修正模型及接触力学模型进行设计及验算，现浇混凝土连接的装配式仰拱设计重点为接缝抗剪强度是否满足要求。

（2）基于传统整体式衬砌内力分布规律，提出适用于公路隧道仰拱快速施工的5种不同装配式仰拱结构形式，从连接方式、结构防水、分块位置等方面对各方案进行比选，选择了预留后浇带装配式仰拱作为优选方案，方案通过了承载能力验算，满足规范结构安全要求。

（3）接触面法和弱化法均可较好模拟新旧混凝土接缝的力学特性。采用接触面法模拟新旧混凝土界面时，接触面刚度按经验公式计算。

（4）不同后浇带数量的装配式仰拱应力分布规律基本相同，新旧混凝土接缝处易出现应力集中，并呈受拉状态，后浇带数量越多，最大拉应力值越大，但均小于 C40 混凝土抗拉强度设计值，表明后浇带接头方式可满足承载力要求；预制仰拱后浇带数量越多，其接触面剪切应力越大，但均小于接触面最大抗剪强度，环向搭接钢筋的存在可有效减小接触面剪切应力。

（5）装配式衬砌和整体现浇衬砌上部结构内力分布及数值基本相同，衬砌安全系数均大于规范规定值 2.4；带钢筋仰拱轴力和弯矩相对无钢筋连接工况明显减小，结构更安全。

（6）根据计算分析结果，采用钢筋搭接装配式仰拱（接触面法）、不带钢筋搭接装配式仰拱（接触面法）、不带钢筋搭接装配式仰拱（弱化法）、一次性整体现浇仰拱等四种计算模型，预制仰拱承载力虽然存在差异，但均满足规范规定的安全系数要求，特别是考虑后浇带混凝土硬化过程，预制仰拱对仰拱隆起变形的抑制效果较为明显，表明预制装配式仰拱结构具有实际工程应用的可行性和可靠性。

（7）开展预制仰拱现场试验，系统总结了公路隧道预制仰拱制作及装配技术。预制仰拱现场内力测试数据表明，后浇带及整体现浇仰拱均承受压应力，预制仰拱部分测点仍承受拉应力；预制仰拱安全系数与整体现浇仰拱接近，均大于隧道规范要求值 2.4，表明预制仰拱结构总体承载力满足要求。

15.3　示范工程应用

15.3.1　主要研究与应用内容

本技术依托贵州省兴义环城高速公路毛栗坪隧道，对装配式仰拱结构进行了现场应用，现场应用情况较好，节约了仰拱施工时间，提高了隧道施工效率，有利于衬砌及早封闭成环，保障了软岩隧道安全快速掘进。主要进行了以下几

个方面的研究:

1) 公路隧道预制仰拱结构优化设计及装配方法研究

(1) 公路隧道衬砌结构受力性状分析。

以兴义环城高速公路毛栗坪隧道衬砌为例,据现行规范标准、设计图纸、施工过程资料及结构检测报告等文件开展隧道结构受力检算和安全评价等工作。介绍了素混凝土和钢筋混凝土构件安全系数的检算方法,考虑了深埋、浅埋、超浅埋三种工况,计算三种工况下的内力及钢筋混凝土构件的安全系数,结果如表15-1所示。

钢筋混凝土承载能力验算表 表15-1

截面位置	弯矩(kN·m)			轴力(kN)			安全系数		
	超浅埋	浅埋	深埋	超浅埋	浅埋	深埋	超浅埋	浅埋	深埋
拱顶	234.66	419.53	185.06	746.61	1418.08	835.57	3.84	3.17	6.50
拱肩	206.13	358.77	159.99	1116.93	2113.75	1138.56	6.81	4.40	8.28
拱脚	214.54	389.84	222.49	1375.88	2475.71	1366.58	6.59	3.89	6.12
仰拱	176.78	309.30	158.07	1260.16	2297.55	1325.66	7.61	4.48	7.59

(2) 隧道装配式仰拱结构形式及分块方案。

参考国内外类似工程案例,课题组提出了五种隧道装配式仰拱结构形式及分块方案,分别为栓接型装配式仰拱(图15-1)、RC型装配式仰拱(图15-2)、锥形接头装配式仰拱(图15-3)、U形槽装配式仰拱(图15-4)、预留后浇带装配式仰拱(图15-5)。

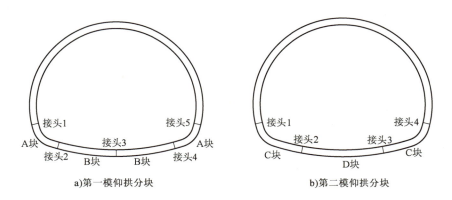

图 15-1　栓接型仰拱块错缝拼接示意图

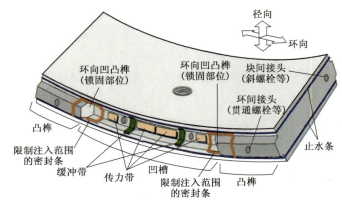

a) RC型仰拱块连接示意图

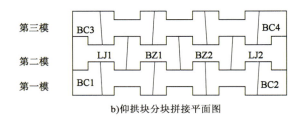

b) 仰拱块分块拼接平面图

图 15-2　RC 型仰拱块分块拼接示意图

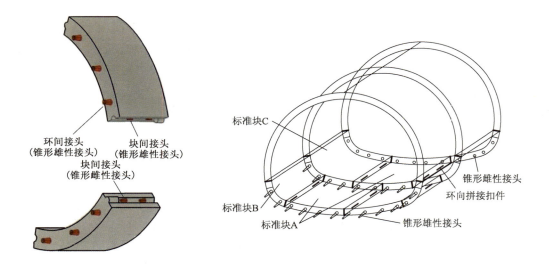

a) 锥形接头仰拱块连接示意图　　　　b) 仰拱块分块拼接平面图

图 15-3　锥形接头仰拱块拼接示意图

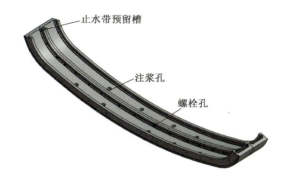

图 15-4　U 形槽预制仰拱拼接示意图

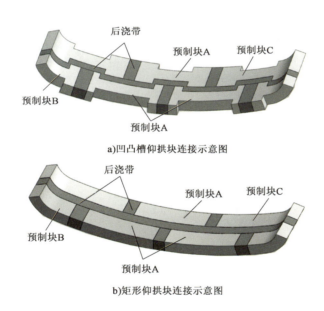

a)凹凸槽仰拱块连接示意图

b)矩形仰拱块连接示意图

图 15-5　预留后浇带预制仰拱拼接示意图

针对提出的五种预制仰拱结构形式及分块方案，从结构预制、装配效率、结构强度、结构防水以及经济成本和其他等方面，对几种方案进行对比和选择，见表 15-2 和表 15-3。最终从吊装设备、工效、模具加工难易程度等影响因素考虑，拼装式仰拱结构选定预留后浇带装配式，分块结构形式选择较为简单的矩形块。

不同装配式仰拱方案对比　　　　　　　　　　　　　　　　　　　　　　表 15-2

装配式仰拱类型	结构预制	装配效率	结构强度	结构防水	经济成本和其他
栓接型装配式仰拱	困难；需要预留螺栓孔位置	高；机械连接，装配效率高	中等；由于环向和纵向接头存在，对结构具有一定弱化作用	高；弹性密封橡胶带防水为主	高；螺栓及机械设备成本较高，且需要严格的施工技术
RC 型装配式仰拱	困难；需要预留螺栓孔位置				
锥形接头装配式仰拱	困难；预埋件和凹凸榫的存在使预制结构较为复杂				
U 形槽装配式仰拱	困难；需要预留 U 形槽及螺栓孔，由于全环预制，需要较大的预制模板	高；环间不需要进行连接，仅需纵向连接	高；全环预制，结构整体性较好	高；弹性密封橡胶带防水为主	中等；螺栓及机械设备成本较高
预留后浇带装配式仰拱	简单；与整体现浇仰拱结构形式差别不大，预制模板较为简便，预制效率高	较低；采用人工焊接配合后浇带浇筑的方式，装配效率较低	较高；采用钢筋和后浇带连接，结构整体性较好	高；弹性密封橡胶带防水为主＋自密实微膨胀混凝土	低；无需螺栓及专用装配设备

不同装配式仰拱方案对比　　　　　　　　　　　　　　　　　　　　　　表 15-3

装配式仰拱类型	优点	缺点
栓接型装配式仰拱	装配效率较高，装配过程较规范	施工工艺烦琐，需要严格的施工技术及专业的设备设备；接头对衬砌强度有一定弱化；模具加工较难，成本较高
RC 型装配式仰拱		
锥形接头装配式仰拱		
U 形槽装配式仰拱	全环预制，整体性较好；装配效率高	没有成熟的吊装设备，隧道空间狭小，难以吊装
预留后浇带装配式仰拱	预埋件少，无须进行螺栓拼装等工艺，操作难度较低；模具加工简单，成本低；预制构件尺寸小，吊装简单；结构整体性较好	装配效率较低，后浇混凝土硬化需要时间，装配过程受工人技术水平影响较大

（3）预留后浇带装配式仰拱承载能力验算。

以兴义环城高速公路毛栗坪隧道工程为依托，采用修正惯用法，考虑衬砌刚度折减和内力增大，计算超浅埋、浅埋、深埋工况下预制仰拱衬砌结构的安全系数及接头抗剪强度，结果见表 15-4 和表 15-5。

安全系数验算表　　　　　　　　　　　　　　表 15-4

截面位置	力矩(kN·m)			轴力(kN)			安全系数		
	超浅埋	浅埋	深埋	超浅埋	浅埋	深埋	超浅埋	浅埋	深埋
拱顶	270.38	469.37	209.05	758.89	1438.37	842.73	2.87	2.62	5.13
拱肩	232.92	406.93	184.66	1161.26	2125.06	1142.56	5.89	3.98	7.38
拱脚	241.79	438.84	248.99	1382.93	2486.70	1368.86	5.84	3.66	5.38
仰拱	196.64	344.82	177.37	1273.65	2319.47	1333.29	7.19	4.26	7.23

接头抗剪强度验算表　　　　　　　　　　　　表 15-5

计算工况	ACI 规范(kN)	Harries 理论(kN)	叶果公式(kN)	最大剪力(kN)	是否满足抗剪强度
超浅埋	1520	2258	2267	295.28	满足
浅埋	2464	3202	3674	526.33	满足
深埋	1256	1994	1873	288.89	满足

综上，经过计算，预留后浇带装配式仰拱结构能同时满足承载能力和抗剪强度要求，具备应用于公路隧道仰拱快速施工的可行性和可靠性。

2) 预制仰拱节段结构现场装配施工配套技术研究

预制仰拱节段结构现场装配施工配套技术主要分为两部分：预制施工工艺以及仰拱预制块现场安装施工工艺。装配式仰拱预制块预制施工对装配式仰拱结构的结构性能十分重要，其施工工艺规范与否决定了仰拱结构的质量，需严格规范预制块的预制施工工艺。装配式仰拱预制块现场安装是装配式仰拱施工工艺的最重要一步，现场安装控制未到位则会导致预制块产生错台、后浇带钢筋连接不到位等情况，仰拱预制块安装会极大地影响后期隧道仰拱的运营维护。

(1) 预留后浇带装配式仰拱预制块预制施工工艺流程。

经过现场多次试验，总结装配式仰拱预制块预制施工工艺，主要包括以下几步：

一是预制场建造。预制场应选址在离隧道较近位置，分为预制区和养护区。二是仰拱预制块预制模板组装。经现场试验，钢模板相比于木模板具有强度高、周转性好、效率高等优点，应优先采用。使用模板时，要先对模具进行清洗、涂刷脱模剂，然后对其进行组装。三是钢筋制作及安装。由于仰拱具有一定的弧度，在安装前要对钢筋进行一定的弯曲加工。四是预埋件安装。装配式仰拱预制块的预埋件主要有预留注浆孔及预留吊环两种。五是混凝土浇筑及振捣。浇筑及振捣时要尽量避免扰动到预留件的位置。六是仰拱预制块拆模及养护。待预制块初凝后，拆除模板，按照分类将预制块摆放，待强度达到 70% 时对其端部进行凿毛处理。

预制块预制施工工艺见图15-6。

a)预制块钢模板　　　　　　　　b)预制块浇筑成型

c)预制块分类摆放

图15-6　预制块预制施工工艺

（2）预留后浇带装配式仰拱预制块装配施工工艺流程。

总结装配式仰拱预制块装配施工工艺，主要包括以下几步：

①仰拱预制块吊装及运输。预制块经充分养护后，用随车吊将其运输至洞内分类摆放。

②仰拱预制块安装前准备工作。在预制块吊装前，要对仰拱安装面进行初步找平，满足仰拱弧度要求。经现场试验，总结出两种找平方法：定位钢筋找平、工字钢辅助找平。找平后需根据仰拱预制块平面拼接图，利用喷漆喷出预制块安装范围。

③预制块吊装。吊装采用人工配合伸缩式随车吊方式，吊装时应严格遵守拼接顺序，禁止上一环仰拱未安装完成即安装下一环仰拱。同时在吊装预制块时要避免随车吊幅度过大过快，保证安全施工。

④后浇带钢筋连接。焊接预制块间预留钢筋,焊接时要严格遵守搭接长度。

⑤后浇带施工。焊接钢筋完成,待钢筋冷却后,浇筑后浇带混凝土,保证后浇带浇筑密实。

⑥装配式仰拱背后补强注浆。当后浇带浇筑完成后,即可通过预制块预留注浆孔进行补强注浆,以填充预制仰拱与初期支护之间的空隙,防止造成后期仰拱脱空,注浆时采用双液型浆液注浆。预制块现场装配如图15-7所示。

a)定位分区

b)预制块吊装

c)预制块吊装完成

d)预制块钢筋焊接

e)浇筑后浇带

f)背后补强注浆

图15-7　预制块现场装配施工工艺图

3）预制仰拱结构装配成型力学行为及质量控制标准研究

通过现场监测及数值模拟两个方面对预制仰拱结构装配成型力学行为进行了深入研究。

（1）现场监测。

课题组选取了 20m 试验段，测试内容为衬砌结构的受力，包括预制块和后浇带两部分，通过现场埋设元器件，定期采集相关数据，并对数据进行后期分析处理以掌握支护结构的内力规律，为结构优化提供基础数据，并与现场试验段进行对比。

监测断面平面布置见图 15-8，仰拱内力测点布置示意见图 15-9。

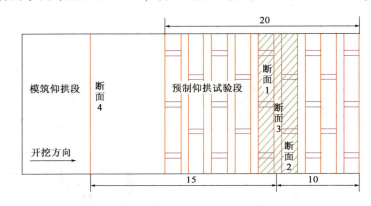

图 15-8　监测断面平面布置图（尺寸单位：m）

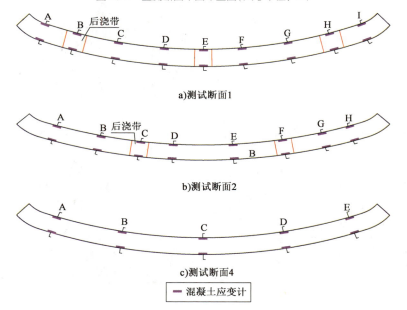

图 15-9　仰拱内力测点布置示意图

现场监测结果：①各监测断面仰拱应力变化规律基本相同，初期受到水化热影响发生突变，随着时间增长，应力值逐渐减小。②预制块测点压应力值普遍小于后浇带及现浇仰拱测点压应力值，即预制块跟后浇带及现浇仰拱相比，主要承受拉应力，故预制块应加强前期养护。③近期监测数据显示，各测点应力值变化趋势变缓，但仍未趋于稳定，均未超出 C40 混凝土轴心抗拉压强度标准值，结构处于安全状态。④各断面关键截面安全系数值较为接近，预制仰拱截面安全系数略大于整体现浇仰拱安全系数，但后浇带部位受力复杂。

（2）数值模拟。

为分析比较隧道采用整体现浇仰拱、预留后浇带装配式仰拱时的隧道围岩与支护结构的受力和变形规律，建立精细化数值仿真模型，采用数值模拟方法开展对比分析工作。计算工况见表 15-6。

计算工况　　　　　　　　　　　　　　　　　　表 15-6

组别	仰拱类型	仰拱厚度（cm）	仰拱纵向尺寸（m）	备注
1	一次性整体现浇仰拱	50	2.5	现浇段混凝土弹性模量按照 1d、3d、5d、10d、20d、28d 调整
2	弱化法-预制仰拱	50	1.0、0.5、1.0	
3	接触面法-预制仰拱	50	1.0、0.5、1.0	
4	接触面法+钢筋单元-预制仰拱	50	1.0、0.5、1.0	

同时，采用数值模拟方法分析不同后浇带数量情况下衬砌应力的分布规律。计算工况见表 15-7，后浇带精细化分析模型见图 15-10，预制块+后浇带拼装式仰拱计算模型见图 15-11。

计算工况　　　　　　　　　　　　　　　　　　表 15-7

组别	仰拱类型	仰拱厚度（cm）	预制块纵向尺寸（m）	备注
1	一次性整体现浇仰拱	50	1.0	截面 A/截面 B
2	弱化法-预制仰拱	50	1.0	
3	接触面法-预制仰拱	50	1.0	
4	接触面法+钢筋单元-预制仰拱	50	1.0	

注：截面 A 为三后浇带截面，截面 B 为两后浇带截面。

15.3.2　主要技术创新点

本研究聚焦高速公路隧道预制装配式仰拱设计和施工中的关键技术，攻克了高速公路装配式仰拱施工中关键技术难题，总结形成如下技术创新点：

（1）基于栓接型、RC型、锥形接头型、U形槽型、预留后浇带等多种隧道装配式仰拱结构形式的结构承载力与构造形式比选，综合结构承载、装配效率、经济成本等因素，提出了适用于软岩隧道的预留后浇带装配式仰拱结构形式及分块方案。

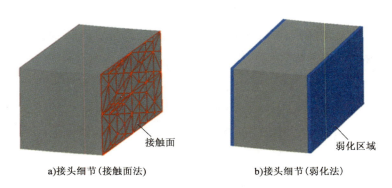

图15-10 后浇带精细化分析模型

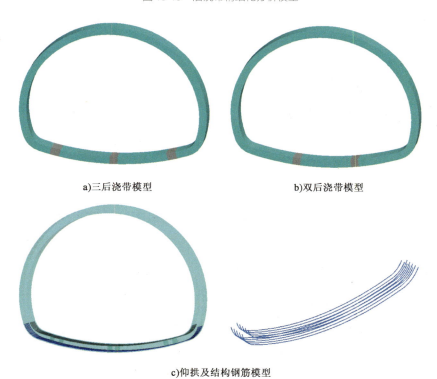

图15-11 预制块+后浇带拼装式仰拱计算模型

（2）基于理论分析和数值模拟，提出了针对公路隧道预制仰拱结构设计检算方法，确定了预制块接头模拟方法及接触面参数。

（3）通过理论分析与现场试验，确定了不同接头模拟方法的接触面参数，获得了预留后浇带装配式仰拱结构受力特性，验证了应用于软岩隧道仰拱快速施工的适应性和可行性。

（4）开展公路隧道装配式仰拱结构安全性分析，验证了预制拼装结构应用于软岩隧道仰拱快速施工的适应性和可行性。

（5）通过现场预制、拼装等工艺性试验，总结形成了预制仰拱结构现场装配施工配套技术和工艺标准，工程应用获得良好技术、安全和经济效果。

（6）总结了软岩隧道预留后浇带装配式仰拱施工设备配套与工艺标准，工程应用获得了良好的技术、安全和经济效果。

15.4　效益评价

本项目通过采用隧道预制装配式仰拱结构快速施工技术，可使隧道结构尽早封闭成环，保证隧道结构与施工安全，改善软弱地质隧道仰拱施工质量，提升隧道施工效率，为后续山区高速公路隧道工程建设积累经验。装配式仰拱的推行对隧道施工技术具有较大的推动意义，其具有一定的经济社会效益，主要体现在工期、施工质量及隧道机械化三个方面。

（1）工期方面。根据现场试验段统计，装配式仰拱施工时间整体上比模筑仰拱缩短了约2h。传统模筑仰拱施工完成后，需等待约12h后进行仰拱回填施工，而装配式仰拱施工完成后，可立即进行仰拱回填的施工，故可大幅提前仰拱回填施作周期，有效缩短隧道底部施工时间，施工工效显著提高，仰拱施工时间较传统工艺节约50%，有利于隧道施工总体施工组织。

（2）施工质量方面。装配式仰拱由于预制块事先在预制场内充分养护，具有满足设计要求的厚度强度和曲率；装配式仰拱对于隧道底部场地条件具有较高要求，若存在曲率不符合设计或局部轮廓不圆顺问题，则无法完成就位安装；预制块就位安装后，采取了补强注浆，对于隧道底局部虚碴具有良好加固效果。相比于传统模筑施工，装配式仰拱在加强后浇带施工质量控制的前提下，总体施工质量具有较大提升。

（3）隧道机械化方面。施工机械化将是今后土建施工的发展方向，在隧道方面，目前已有盾构机等大型机械应用，但山岭隧道多采用传统钻爆法施工。装配式仰拱是对山岭隧道机械化施工的一次探索，通过预制场预制仰拱块，吊装至隧道内工作面，可以减少隧道内施工人员投入，缩短仰拱及仰拱回填施工时间，提高工效，符合国家绿色低碳建设目标，为未来隧道全机械化施工提供案例参考。

第16章　高速公路施工期信息化管控技术

16.1　技术背景

公路工程因其点多、面广、线长的建设特点，参与人员与使用材料繁多且杂，因此存在管理人员素质参差不齐、地材质量不稳定、劳务队施工水平不高等因素，使得公路工程施工质量管控困难。要想高效、优质地完成施工任务，除了合理组织规划、培训管理人员、采用先进技术外，如何采取高效的信息传递及质量数据分析方法，及时掌握在施工过程中对施工质量有影响的原材料、工序施工质量，减少或消除质量隐患，以保证施工质量，已成为当前公路施工管理亟待解决的问题。采用目前的互联网技术，建立一套以信息传递与数据分析相结合的质量信息管理系统，以帮助项目施工人员、项目管理人员、公司决策层对项目质量进行管理。

16.2　技术概要

兴义环城高速公路大数据质量安全监督平台通过互联网、物联网、云计算、大数据等先进的信息化技术，构建智能远程集中监管体系，能有效弥补传统方法在监管中存在的缺陷，实现对施工现场环境、建筑材料、特种设备、从业人员的全方位实时监控，变被动"监督"为主动"监测与预警"，真正体现"安全第一、预防为主、综合治理"的安全生产方针。新理念、新技术的引入也将打造出施工现场安全施工、文明施工、标准化施工的全新监管模式，实现对建筑工地全方位、全过程、一体化的监管，并最终达到创造智慧工地的目标。

1）打通"信息化最后一公里"

利用移动、物联网等新技术，信息系统可以直接采集施工现场数据，效率高、不宜出错。从而改变传统建筑施工现场参建各方现场管理的交互方式、工作方式和管理模式，实现施工现场的数字化、精细化、智慧化管理。

2) 打造项目决策指挥中心

通过数据仓库建设，打造集数据采集、数据处理、监测管理、预测预警、应急指挥、BIM+GIS(地理信息系统)可视化于一体的大数据平台，以信息化提升数据化管理与服务能力，做到"用数据说话、用数据管理、用数据决策、用数据创新"，充分利用各种信息系统所产生的数据来提高决策的准确性和效率，实现数据的"增值"。

3) 处理 BIM 模型

通过对 BIM 模型进行轻量化处理，实现了在 Web 端进行 BIM 进度、质量安全等信息集成，实现了 BIM 进度模拟、进度可视化展示、安全质量监控等功能。

4) 建立一套标准规范

大数据平台建设的同时建立与之配套的数据标准、实施规范，再配合配套的信息化管理制度，可以使得企业的信息化发展水平迈上一个新台阶，持续有效促进工程项目管理水平的提升。

16.3 示范工程应用

(1) 通过对兴义环城高速公路大数据质量安全监督平台建设项目范围及需求分析、项目重难点分析等方面的理解，平台建设应用 IT(互联网技术)开发手段并结合大数据、物联网等先进技术，实现项目投资、施工、质量、安全、工程资料等在本工程建设过程中的信息化管理，同时考虑将过程管理中的数据留存并可上传至上级管理部门。通过分析项目建设需求，建立指挥部、项目部、参建单位的多层次管理架构，将各级管理系统文件及数据实行统一管理，形成建设项目综合管理与调度的中枢系统，实现对项目建设全过程的监控与管理。平台整体架构见图 16-1。业务子系统框架见图 16-2。成果展现内容具体见图 16-3～图16-9。

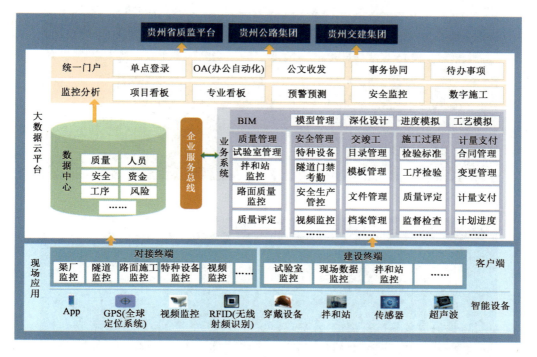

图 16-1　整体架构图

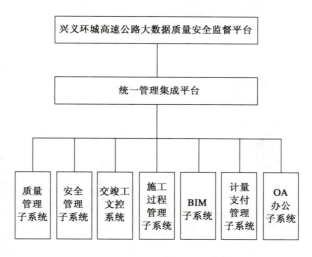

图 16-2　业务子系统框架图

图 16-3 综合看板

图 16-4 投资看板

图 16-5 进度看板

图 16-6　产值看板

图 16-7　质量看板

图 16-8　安全看板

图 16-9　BIM 施工进度模拟

（2）能耗监测系统：搭建公路施工能耗统计监测平台；通过能耗监测设备、数据无线实时传输设备的技术研发，实现对重点施工能耗设备的数据采集。通过数据管理、施工节能技术措施监测数据构建施工期能耗及排放统计监测分析系统，提升公路工程建设管理水平。能耗监测部分实现了对项目内重点施工工程进行能耗数据统计分析，按能耗数据类型（电、油、天然气等）进行整合和展示，以标准煤计算公式进行换算，形成统计展示数据标准。并对重点施工工程不同时间段能耗数据进行同比比较。图 16-10～图 16-12 展示了 T 梁预制场的能耗数据、产出数量、不同类型能耗的占比、不同工程的排名等信息。

图 16-10　电力能耗专题分析

图 16-11 标段能耗分析

图 16-12 工程能耗专题分析

16.4 效益评价

研发应用高速公路施工期信息化管控技术，可实现"用数据说话、用数据管理、用数据决策、用数据创新"，提高项目决策科学性，降低决策风险，减少项目资源投入，有效提升项目绿色建造管理能力水平。

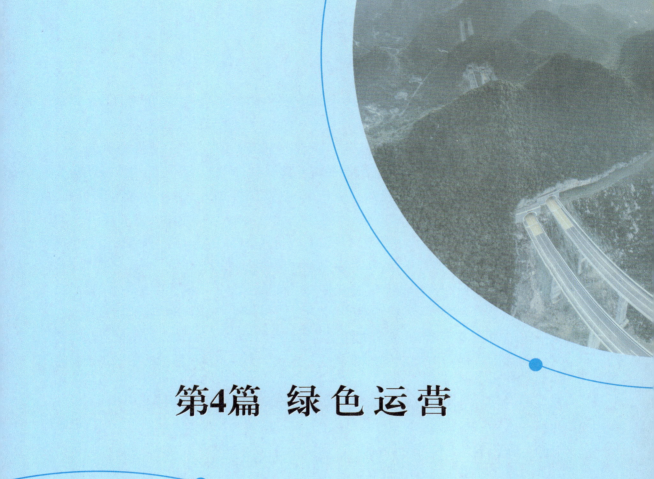

第4篇 绿色运营

第 17 章 喀斯特山区高速公路路基边坡风险管控技术

17.1 技术背景

交通快速建设、发展，对沿线物流、资源开发、招商引资、产业结构调整、横向经济联合起到了积极的作用，对促进西部地区社会经济健康发展、改善人民生活水平、加强各民族团结发挥了重要的基础性作用。以路为重点的基础设施建设是贵州脱贫攻坚"四场硬仗"之首，是贵州实现后发赶超、同步小康的先决条件。贵州交通的高速发展，一方面反映了贵州省交通建设取得的巨大成就，另一方面也体现出贵州地质条件复杂、交通工程建设体量大、边坡数量多且风险突出、风险管控难度大的特点。近年来，填方高边坡和路堑边坡灾变发生的频率和规模不断增加，从而导致边坡出现各种病害，对人民生命财产构成重大威胁。由于边坡本身的复杂性和特殊性，加之我国对边坡的研究起步较晚，边坡安全管控的研究与应用仍处于起步阶段，缺乏科学的管理体系及相关技术规程。因此，贵州省对喀斯特山区公路边坡进行风险管控迫在眉睫。通过边坡风险管控，对边坡信息进行统一的管理与分析、分类评价，对危险边坡提出监测、治理设计方案，有效避免边坡对交通工程的建设运营安全造成危害。

针对兴义环城高速公路边坡安全风险突出的问题，开展公路边坡关键环节质量控制措施、边坡工程致险因素分析、边坡施工安全风险评价、边坡监测技术、边坡预警技术、多维监测网络建立等方面的研究，以保证工程建设项目的顺利进行和公路建成后的正常运营，最大限度地降低兴义环城高速公路建设中可能出现的边坡垮塌等风险问题，为兴义环城高速公路乃至喀斯特山区其他高速公路的建设提供技术支撑，为类似工程提供借鉴。

17.2　技术概要

针对兴义环城高速公路边坡安全风险问题,主要开展了以下几个方面的研究工作:

(1)公路边坡工程致险因素分析及边坡施工关键环节质量控制措施研究。

结合我省在建高速公路边坡质量控制情况,对在建高速公路边坡勘察设计质量控制、施工质量控制、缺陷责任期质量控制、工程质量试验检测技术、工程监测技术等关键环节进行研究。

(2)运营公路边坡安全风险评估技术研究。

根据贵州省运营高速公路边坡管养实际情况,对运营公路边坡风险源识别、评估指标、风险评估及分级体系、多层次风险管控对策等技术进行研究。

(3)喀斯特山区高速公路路基边坡地质灾害监测关键技术研究。

由于边坡岩土体的地质条件在前期勘察工作中难以认识透彻,且边坡的稳定性又受环境因素的影响而具有动态变化的特点,因此加强监测对及时准确地评价边坡的稳定性,制定经济合理、安全可靠的边坡加固工程处理方案具有重要意义。本项工作旨在研究边坡监测的方法范围、监测网的布置、监测的频率,结合喀斯特山区工程地质条件特点,提出适宜贵州省喀斯特山区高速公路路基边坡地质灾害监测的实用技术。

(4)喀斯特山区高速公路路基边坡地质灾害预警预报技术研究。

对边坡地质灾害预警预报,目前的研究多是单体型和即将发生前的短期预报,中长期预报和区域性预报难度较大。但地质灾害有共生性,往往会发生连锁和伴生反应,对单一灾害的研究往往不能解决实质性问题,短期的预报也给预警工作带来困难。因此,需要对与边坡预报密切相关并影响预报精度的一些基本问题进行总结归纳,包括预报参数的选择、监测数据的分析与处理、变形阶段的判识、预报模型的分类及实用性分析、预报判据的分类及实用性分析。在此基础上,对边坡预报理论与方法进行分析总结,对监测数据处理程序进行研究;并通过边坡地质灾害监测预警平台实现监测数据的系统分析、信息发布与实时预警,并提出适合贵州省喀斯特山区高速公路路基边坡的预警预报技术。

(5)多维多基监测适配性及集成技术研究。

通过对当前边坡监测技术进行分析研究，明确各类监测方法的优缺点、常用监测仪器设备以及其适用性，开展边坡多维多基监测适配性及集成技术研究。

(6)适用于依托工程的地质灾害多维监测网络构建研究。

提出基于公路边坡地质灾害天、空、地等高精度网络化监测方法，并构建适用于依托工程的边坡地质灾害多维监测网络，开展多维监测网络的协同观测。

17.3 示范工程应用

按照相关规范规程和工程设计要求，边坡施工采用信息施工法，建立信息反馈制度，地质情况复杂、稳定性差的边坡工程，施工期的稳定安全控制更为重要，另外开展施工完成后一段时间的变形监测，可确保工程质量及运营安全。监测中发现异常情况及时向业主、设计、监理、施工单位通报，出现险情时应及时采取应急排险措施，可有效避免工程事故的发生。

边坡工程监测的主要目的：第一是在高速公路施工、运营过程中，通过自动获取各边坡工点的监测数据，自动分析，对达到预警阈值的边坡工点及时预警，保障高速公路施工、运营安全。第二是通过对监测指标长时间、连续的监测和分析工作，指导现场施工和优化设计、反馈和验证设计取值，为制定、执行有关施工专项方案和调整设计提供依据，达到"动态设计、信息化施工"的目的。第三是为工程岩土体力学参数反演分析提供资料。最后，为掌握边坡变形特征和规律提供资料，指导在边坡发生严重变形条件下的应急处理。边坡监测内容主要包括变形监测、影响因素监测、前兆异常监测及支挡结构监测四类，研究根据三个依托工点的具体特征和工程要求，选择合适的手段进行监测，以保证边坡建设及运营安全。

17.3.1 峰林特大桥万屯岸 W5、W4 危岩体监测

针对峰林特大桥万屯岸 W5、W4 危岩体进行研究成果的应用。监测工作布置方面，根据危岩体 W5、W4 的规模、现状、影响范围及加固设计形式，采用了自动化监测。

1)监测手段及计划工作量

(1)危岩体 GNSS(全球卫星导航系统)地表位移自动化监测。

在危岩体 W5-2 后侧母岩平台处布设 1 个监测点,危岩体 W4 顶部平台拟布置 1 个监测点、1 个基站。共计 2 个监测点、1 个基站。

(2)裂缝变形监测。

在危岩体 W5-2 与母岩之间的裂缝(裂缝 L2)布置 1 条拉线式位移计,在危岩体 W4 后侧裂缝布置 1 条拉线式位移计。共计 2 条拉线式位移计。

(3)锚索应力监测。

在锚索第 3 排、第 5 排、第 8 排(从下往上)分别布设 1 个锚索应力计(具体布置位置根据现场实际情况确定),共 3 个。

(4)倾斜监测。

在危岩体 W5-2 与母岩之间的裂缝(裂缝 L2)布置 1 个倾角仪,在危岩体 W4 与母岩之间的裂缝布置 1 个倾角仪,共 2 个。

(5)降雨量监测:1 个,拟布置于 W5-2 坡顶平台上。

危岩体 W5、W4 监测点及布置见图 17-1 ~ 图 17-3。

图 17-1 危岩体 W5、W4 监测立面布置图

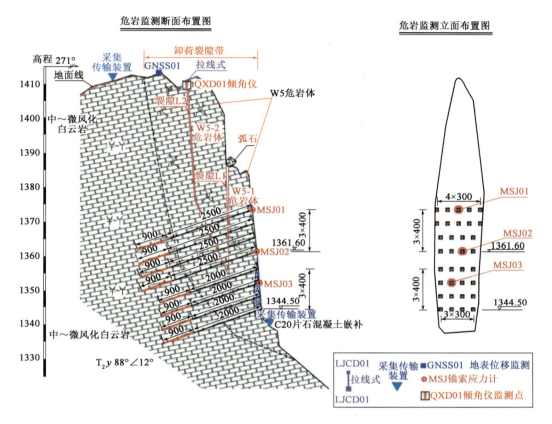

图 17-2 危岩体 W5 监测断面布置图(尺寸单位：cm；高程单位：m；比例：1:500)

监测计划工作量详见表 17-1。

监测计划工作量汇总　　　　　　　　　　　表 17-1

监测项目	工作量	拟布设位置	备注
GNSS 地表位移监测	2 个监测点、1 个基站	W5-2 后侧母岩、W4 顶部平台	具体工作布设位置根据现场情况调整
裂缝变形监测	拉线式位移计 2 条	裂缝 L2、W4 裂缝	
锚索应力监测	锚索应力计 3 个	第 3 排、第 5 排、第 8 排	
倾斜监测	倾角仪 2 个	裂缝 L2、W4 裂缝	
降雨量监测	1 个	W5-2 坡顶平台	
工期		计划监测工期 24 个月	

2）设备运输、安装及安全设施的布置情况

（1）万屯岸地形陡峭，设备运输及安装难度极大。根据现场实地调查，人员及设备无法从既有施工便道到达危岩体 W5 山顶处，需人工修建一条人行及设备运输通道，道路宽度约 1~1.5m，便于设备运输和后期维护人员通行。

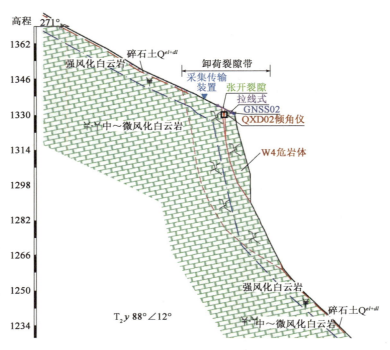

图 17-3　危岩体 W4 监测断面布置图（高程单位：m；比例：1∶800）

（2）危岩体外侧为绝壁，设备安装及后期维护等存在困难，作业存在很大安全风险。针对各种监测设备的安装位置，必须设置作业平台、安全防护栏和攀爬天梯等。设备运输及维护通道见图 17-4。

图 17-4　设备运输及维护通道示意图

从边坡监测成果分析得到，截至 2021 年 6 月 25 日，巡视峰林特大桥万屯岸 W5、W4 危岩体地表无明显异常。

3）监测内容

（1）危岩体 GNSS 地表位移自动化监测：本段落在 W5 危岩体上部布设了一个 GNSS 地表位移监测点，其中基站设置在坡脚的稳定区域，根据截至 2021 年 6 月 25 日的监测数据综合分析判断，2020 年 5 月至 10 月危岩处治施工期间，数据变化明显，11 月后施工完毕，数据恢复至原有稳定状态，相对变化较小。2021 年 5 月至 6 月期间，设备进行维护，X 方向（崩塌方向）无明显变化，Y（垂直于崩塌方向）、Z 方向（竖直方向）位移明显波动，之后数据恢复至原有状态，说明该点附近坡体处于稳定状态。地表位移监测成果见表 17-2，GNSS01 地表位移监测曲线图见图 17-5。

地表位移监测成果表　　　　　　　表 17-2

监测内容	监测方法	监测点编号	位置	累计位移（mm）（2019-12-23—2021-6-25）			本期位移增加量（mm）（2021-4-28—2021-6-25）	
				水平合位移量（mm）	水平位移方向（°）	竖直位移量（mm）	水平位移增加量（mm）	竖直位移增加量（mm）
地表变形监测	GNSS（北斗）	GNSS01	K15+575 右 35m	9.6	—	-4.2	未增加	未增加

注：水平合位移量为东西方向（X 方向，东为正）、南北方向（Y 方向，北为正）综合位移量；竖直位移（Z 方向）负值表示竖直向下变形，正值表示竖直向上变形；"—"表示本阶段无变形量或变形量不明显。

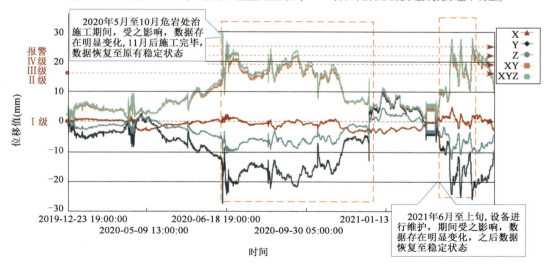

图 17-5　GNSS01 地表位移监测曲线图

（2）裂缝变形监测：本段落在地表 K15+580 右侧 35m 处布设了 1 个拉线式位移 LX01 监测点，选择 2019 年 12 月 25 日数据为初始值，其初始值为 100mm。2020 年 4 月至 5 月，场区受危岩施工影响，数据明显波动，2020 年 5 月 16 日后拉线因危岩防护施工被破坏，且拉线区域堆放大量施工材料，无法继续进行拉线监测。施工完成后，2021 年 2 月下旬完成拉线恢复监测，监测成果见表 17-3 和图 17-6。截至 2021 年 6 月 25 日，本期拉线位移未见明显变化，说明拉线区域坡体处于稳定状态，无裂缝变形。

裂缝变形监测成果表　　　　　表 17-3

监测内容	监测方法	监测点编号	断面	位置	位移初始值(mm)	累计位移量(mm)(2019-12-25—2021-6-25)	本期位移变化量(mm)(2021-4-28—2020-6-25)	备注
地表裂缝变形监测	拉线式位移计监测	LX01	K15+580 右 35m	W5 危岩处	100	97.2	-2.8	温差及风扰动影响

注：位移负值表示收缩变形，正值表示张拉变形。

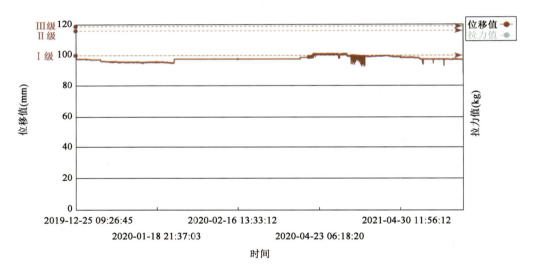

图 17-6　LX01 拉线位移曲线图

（3）倾斜监测：

①1 号倾角仪。

对 QXD01 倾斜监测点（W5 危岩体处）数据分析比较，选择 2019 年 12 月 23 日的监测数据作为该点监测初值，用其他监测结果与之对比来反映该点倾角变化情况。从该点监测曲线数据可知，X 方向（崩塌方向）倾角值从 2020 年 7 月 4 日至 2020 年 9 月 20 日期间在 0.02°~0.05°之间波动，Y 方向（垂直崩塌方向）5 月 5 日起因防护网施工盖压设备使得 Y 轴数据沿反方向跳跃变化，数据突变后呈现稳定状态，防护网施工完毕后，仪器进行恢复，数据无明显变化，呈稳定趋势，2021 年 4 月上旬监测设备进行维护存在小量变化，之后数据稳定，无明显变化。监测成果见图 17-7。

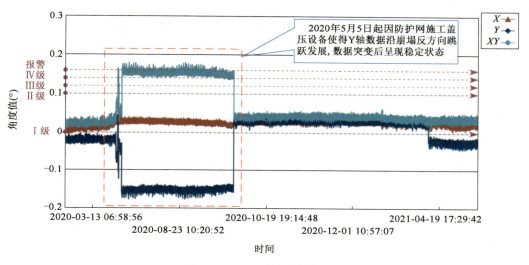

图 17-7　QXD01 倾角变化曲线图

②2 号倾角仪。

对 QXD02 倾斜监测点（W4 危岩下方）数据分析对比，选择 2019 年 12 月 30 日的监测数据作为该点监测初值，用其他监测结果与之对比来反映该点倾角变化情况。

截至 2021 年 6 月 25 日，从该点监测曲线数据可知，X 方向（崩塌方向）倾角值在 0.03°~0.10°之间波动，Y 方向（垂直崩塌方向）倾角值在 -0.03°~-0.12°之间波动，实际增加量较小，本期监测期间未发现数据变化，经现场巡视后未发现有异常情况。监测成果见图 17-8。

③3 号倾角仪。

对 QXD03 倾斜监测点（W4 危岩处）数据分析对比，选择 2019 年 12 月 23 日的监测数据作为该点监测初值，用其他监测结果与之对比来反映该点倾角变化情况。

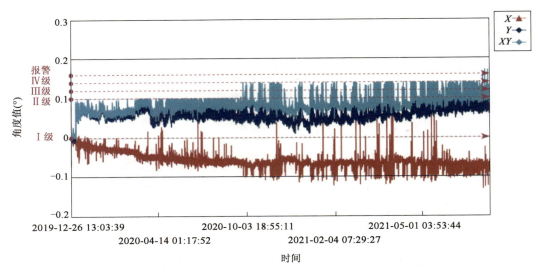

图 17-8　QXD02 合成方向位移曲线图

从该点监测曲线数据可知，X 方向（崩塌方向）倾角值在 $0°\sim0.10°$ 之间波动，Y 方向（垂直崩塌方向）倾角值在 $-0.02°\sim-0.08°$ 之间波动，角度值未持续增大，实际增加量较小，2020 年 4 月 8 日及 2021 年 3 月 21 日因仪器进行维护，存在小量突变，后数据呈稳定状态，截至 2021 年 6 月 25 日，本期监测期间未发现数据变化，经现场巡视后未发现有异常情况。监测成果见图 17-9。

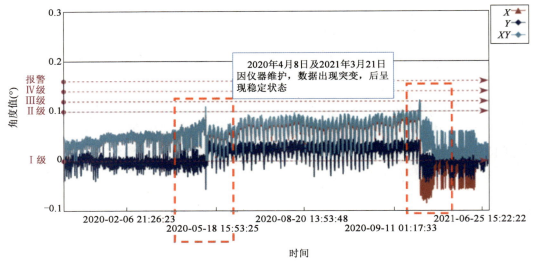

图 17-9　QXD03 合成方向位移曲线图

(4)锚索应力监测：布置有 3 个锚索应力监测点，均位于 W5 危岩下方，后期根据需要可选择合适的位置进行安装监测。

(5)降雨量监测：本段落布设了 1 个降雨量监测点。本次监测期间内，最大降雨强度为 0.8mm/h，发生在 2021 年 5 月 26 日 21 点 24 分左右，未发现降雨量与位移变化有明显的相关关系，降雨对坡体稳定暂未产生明显影响。监测成果见图 17-10。

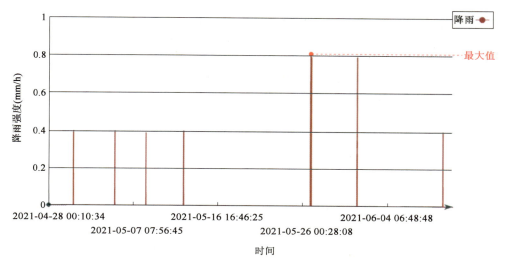

图 17-10　降雨量监测曲线图

17.3.2　丁家坡 1 号大桥左侧堆积体监测

对于丁家坡 1 号大桥左侧堆积体，根据坡体发育特点、潜在破坏模式，以及对结构物的影响，本段堆积体拟采用的监测方案为深层位移监测。

监测工作布置方面，根据现场情况，结合设计与地质勘查资料，计划采用人工监测，拟布置 2 条监测断面、4 个深层位移监测孔 88m、地下水位监测孔 4 个(利用深层位移监测孔)，进行地表巡视，监测周期 24 个月，平均监测 24 次。丁家坡 1 号大桥堆积体监测断面布置详见图 17-11，块石土厚度为收集地质勘查、现场挖孔记录后的示意图，最终以监测钻孔实际厚度为准。

计划工作量详见表 17-4。

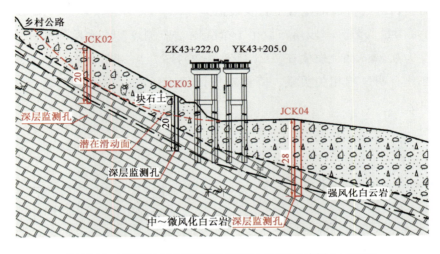

图 17-11　丁家坡 1 号大桥堆积体监测断面布置图（比例：1∶1000）

计划工作量汇总　　　　　　　　　　　　　　　　　　表 17-4

监测项目	点/孔号	监测孔深 $D(m)$	合计(m)	监测次数及周期
深层侧向位移监测	JCK01	20	88	平均监测次数为 85 次。监测周期 24 个月
	JCK02	20		
	JCK03	20		
	JCK04	28		
地下水位监测	对所有监测孔进行地下水位监测			
地表巡视	监测频次与深层位移监测同步，雨季、出现异常情况时加强巡视			

本监测方案采用人工监测，在项目具体实施时，根据现场实际结合地质情况，可进行自动化监测的推广应用。

对于丁家坡 1 号大桥左侧堆积体，截至 2021 年 6 月 25 日，巡视该段坡体地表无明显异常。该坡体共布设 4 个深层位移监测孔（监测点布置见图 17-12），截至 2021 年 6 月 25 日，JCK01、JCK02、JCK03 与 JCK04 最大变形位移量分别为 6.4mm、7.0mm、3.6mm 及 14.5mm，均位于孔口处。

监测成果见表 17-5。

图 17-12 监测立面布置示意图

注：最终监测方法及工作量根据现场实际需要确定。

深部位移监测统计表　　　　　　　　　　　　　表 17-5

监测孔编号	断面	位置	监测深度（m）	本期监测次数	累计监测次数	最大变形位置及位移量		备注
						深度（m）	位移（mm）	
JCK01	ZK43+192	中部右侧	20	9	79	孔口	6.4	本期无明显位移
JCK02	ZK43+215	坡体后缘	19.5	9	80	孔口	7.0	本期无明显位移
JCK03	ZK43+223	中部右侧	20	9	80	孔口	4.5	本期无明显位移
JCK04	YK43+194	坡体前沿	28	9	79	孔口	14.5	本期无明显位移

（1）JCK01 监测孔。

孔深 20.0m，经分析比较选择 2019 年 12 月 11 日的监测数据作为该孔监测初值，以其他监测结果与之对比来反映该孔深部位移变化情况。从该孔监测曲线可以看出，该监测孔深部位移变形曲线呈摆动状变化，未出现明显突变位置及突变带，截至 2021 年 6 月 25 日，孔口位移在 7mm 内波动变化，本期无明显位移，表明该孔处坡体在监测期间处于稳定状态。JCK01 监测孔监测成果见图 17-13 和图 17-14。

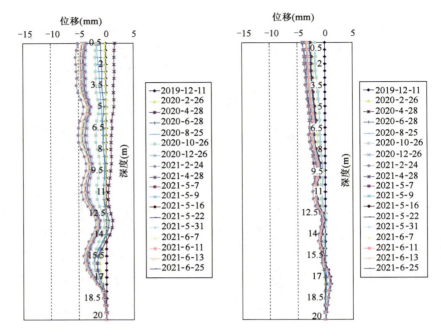

a) JCK01监测孔A0方向累计相对位移

b) JCK01监测孔B0方向累计相对位移

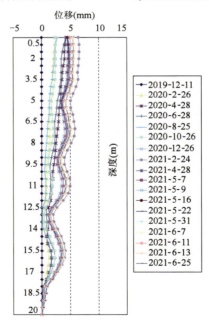

c) JCK01监测孔合成方向累计相对位移

图 17-13　JCK01 监测孔深部位移动态监测成果图

图 17-14　JCK01 监测孔累计相对位移—时间变化曲线

（2）JCK02 监测孔。

孔深 19.5m，经分析比较选择 2019 年 12 月 8 日的监测数据作为该孔监测初值，以其他监测结果与之对比来反映该孔深部位移变化情况。从该孔监测曲线可以看出，该监测孔深部位移变形曲线呈摆动状变化，未出现明显突变位置及突变带，截至 2021 年 6 月 25 日，孔口位移在 7mm 内波动变化，本期无明显位移，表明该孔处坡体在监测期间处于稳定状态。JCK02 监测孔监测成果见图 17-15 和图 17-16。

（3）JCK03 监测孔。

孔深 20.0m，经分析比较选择 2019 年 12 月 8 日的监测数据作为该孔监测初值，以其他监测结果与之对比来反映该孔深部位移变化情况。从该孔监测曲线可以看出，该监测孔深部位移变形曲线呈摆动状变化，未出现明显突变位置及突变带，截至 2021 年 6 月 25 日，孔口位移在 5mm 内波动变化，本期无明显位移，表明该孔处坡体在监测期间处于稳定状态。JCK03 监测孔监测成果见图 17-17 和图 17-18。

（4）JCK04 监测孔。

孔深 28.0m，经分析比较选择 2019 年 12 月 11 日的监测数据作为该孔监测初值，以其他监测结果与之对比来反映该孔深部位移变化情况。从该孔监测曲线可以看出，2.5m 以上部位在 2020 年 7 月监测期间存在 8.8mm 的蠕动位移，变形未持续，分析为汛期强降雨影响导致浅层土体蠕动，2020 年 8 月至 2021 年 6 月无明显位移，表明该孔处坡体现阶段处于稳定状态。JCK04 监测孔监测成果见图 17-19 和图 17-20。

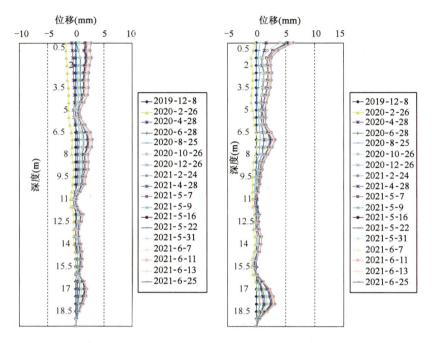

a) JCK02监测孔A0方向累计相对位移

b) JCK02监测孔B0方向累计相对位移

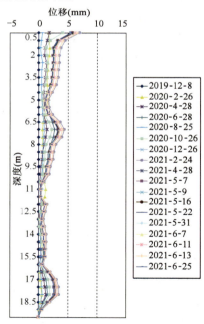

c) JCK02监测孔合成方向累计相对位移

图 17-15　JCK02 监测孔深部位移动态监测成果图

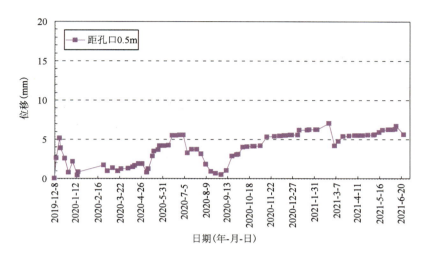

图 17-16 JCK02 监测孔累计相对位移—时间变化曲线

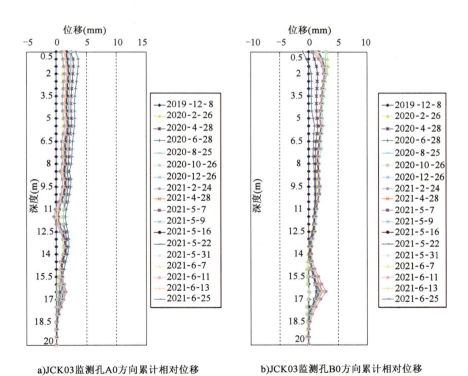

a) JCK03监测孔A0方向累计相对位移　　b) JCK03监测孔B0方向累计相对位移

图 17-17

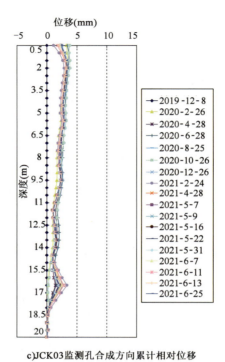

c) JCK03监测孔合成方向累计相对位移

图 17-17　JCK03 监测孔深部位移动态监测成果图

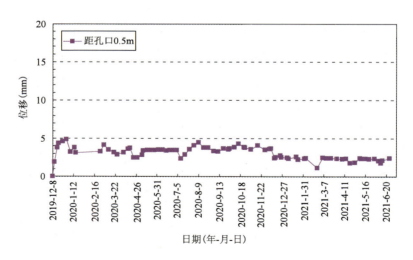

图 17-18　JCK03 监测孔累计相对位移—时间变化曲线

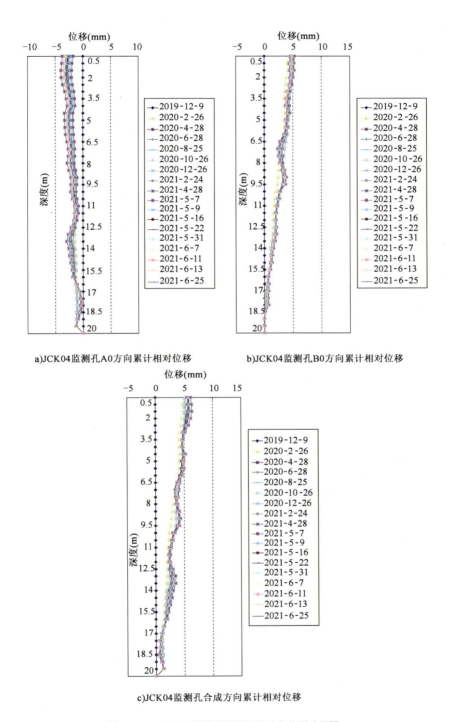

a) JCK04监测孔A0方向累计相对位移

b) JCK04监测孔B0方向累计相对位移

c) JCK04监测孔合成方向累计相对位移

图 17-19　JCK04 监测孔深部位移动态监测成果图

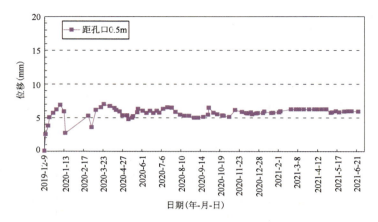

图 17-20　JCK04 监测孔累计相对位移—时间变化曲线

本次对 4 个测斜孔进行了地下水位监测，截至 2021 年 6 月 25 日，JCK01、JCK02、JCK03 及 JCK04 水位距孔口分别为 12.0m、6.0m、12.0m 和 12.0m，正值雨季，本期水位稍有上升，地下水对坡体的稳定暂无明显影响。监测孔内地下水位变化见图 17-21。

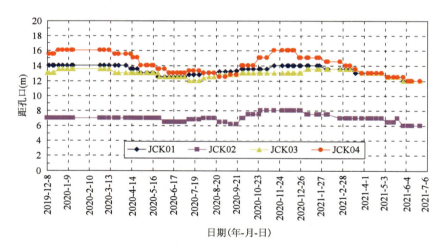

图 17-21　监测孔内地下水位变化曲线图

17.3.3　ZK47+728.5~ZK47+820 段左侧边坡监测

对于 ZK47+728.5~ZK47+820 左侧边坡，根据边坡岩土构成、结构面发育特点，结合防护设计方案，本段边坡拟采用的监测方案为深层位移监测。

监测工作布置方面，根据现场情况，结合设计与地勘资料，计划采用人工监测，拟布置深层位移监测孔共计 7 个 125m，其中 JCK01、JCK04、JCK05 埋设于抗滑桩内,地下水位监测孔 7 个(利用深层位移监测孔),进行地表巡视,监测工期 24 个月,计划平均监测次数 85 次。

计划平均监测工作量详见表 17-6。

计划平均监测工作量汇总　　　　表 17-6

监测项目	点/孔号	监测孔深 $D(m)$	合计(m)	监测次数及周期
深层侧向位移监测	JCK01	17	125	平均监测次数为 85 次。监测周期 24 个月
	JCK02	19		
	JCK03	17		
	JCK04	17		
	JCK05	19		
	JCK06	17		
	JCK07	19		
地下水位监测	对所有监测孔进行地下水位监测			
地表巡视	监测频次与深层位移监测同步,雨季、出现异常情况时加强巡视			

注:JCK01、JCK04、JCK05 埋设于抗滑桩内,不计钻孔费。

对于 ZK47+728.5～ZK47+820 段左侧边坡,截至 2021 年 6 月 25 日,巡视该段边坡地表无明显异常。该边坡共布设 7 个深层位移监测孔,监测点位布置图见图 17-22。

图 17-22　监测点位立面布置示意图

注:最终监测方法及工作量根据现场实际需要确定。

截至 2021 年 6 月 25 日，JCK01、JCK02（3 号抗滑桩内）、JCK03、JCK04、JCK05（7 号抗滑桩内）、JCK06、JCK07（12 号抗滑桩内）号监测孔最大变形位移量分别为 4.9mm、8.9mm、2.5mm、6.4mm、8.3mm、5.9mm 及 5.9mm，深部位移监测统计见表 17-7，数据无明显变化，说明边坡处于稳定状态。

深部位移监测统计表　　　　　表 17-7

监测孔编号	断面	位置	监测深度（m）	本期监测次数	累计监测次数	最大变形位置及位移量		备注
						深度（m）	位移（mm）	
JCK01	ZK47+743	三级平台	18.5	9	79	孔口	4.9	本期无位移
JCK02	ZK47+743	3 号抗滑桩内	19.0	9	76	孔口	8.9	本期无位移
JCK03	ZK47+765	五级平台	19.5	9	79	孔口	2.5	本期无位移
JCK04	ZK47+765	三级平台	20.0	9	80	孔口	6.4	本期无位移
JCK05	ZK47+765	7 号抗滑桩内	19.5	9	76	孔口	8.3	本期无位移
JCK06	ZK47+785	三级平台	20.5	9	80	孔口	5.9	本期无位移
JCK07	ZK47+785	12 号抗滑桩内	19.5	—	12	孔口	2.8	2020 年 4 月 22 日后孔口被施工破坏
			19.5	9	62	孔口	5.9	本期无位移
合计		7 个监测孔	136.5	63	544	—	—	全部监测中

（1）JCK01 监测孔。

孔深 18.5m，经分析比较选择 2019 年 12 月 11 日的监测数据作为该孔监测初值，以其他监测结果与之对比来反映该孔深部位移变化情况。从该孔监测曲线图（图 17-23 和图 17-24）可以看出，该监测孔深部位移变形曲线呈摆动状变化，未出现明显突变位置及突变带，截至 2021 年 6 月 25 日，孔口位移在 7mm 内波动变化，本期无明显位移，表明该孔处坡体在监测期间处于稳定状态。

（2）JCK02 监测孔。

埋设于 3 号抗滑桩内，孔深 19.0m，经分析比较选择 2019 年 12 月 25 日的监测数据作为该孔监测初值，以其他监测结果与之对比来反映该孔深部位移变化情况。从该孔监测曲线图（图 17-25 和图 17-26）可以看出，该监测孔深部位移变形曲线呈射线状变化，变形时间主要集中在 2020 年 7 月路基开挖施工期间，蠕动位移 5.7mm，施工完成后，位移存在小量回弹，其余时间未发现变形趋势，截至 2021 年 6 月 25 日，孔口累计位移 7.9mm，本期无明显位移，表明该孔处坡体现阶段处于稳定状态。

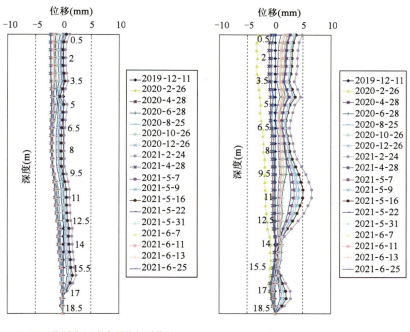

a) JCK01监测孔A0方向累计相对位移

b) JCK01监测孔B0方向累计相对位移

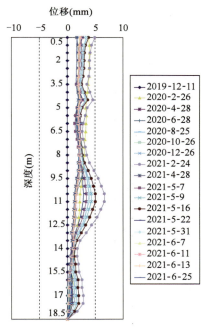

c) JCK01监测孔合成方向累计相对位移

图 17-23　JCK01 监测孔深部位移动态监测成果图

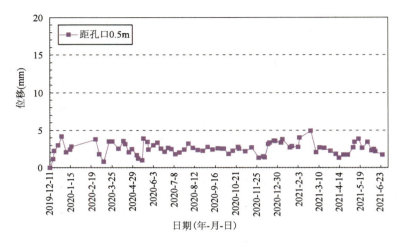

图 17-24 JCK01 监测孔累计相对位移—时间变化曲线

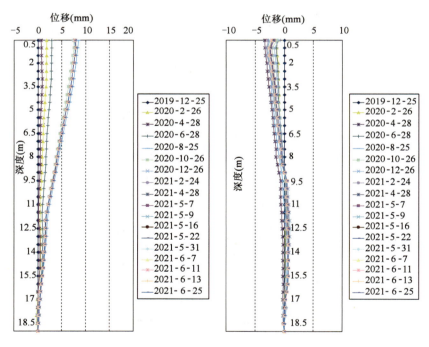

a) JCK02监测孔A0方向累计相对位移 b) JCK02监测孔B0方向累计相对位移

图 17-25

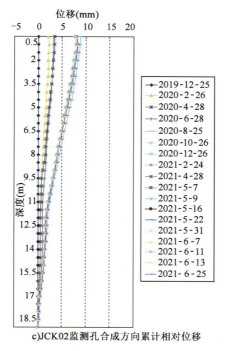

c)JCK02监测孔合成方向累计相对位移

图17-25　JCK02监测孔深部位移动态监测成果图

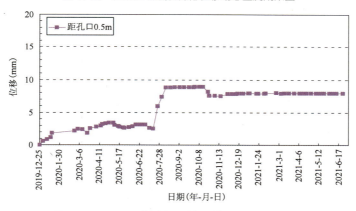

图17-26　JCK02监测孔累计相对位移-时间变化曲线

(3) JCK03监测孔。

孔深19.5m，经分析比较选择2019年12月11日的监测数据作为该孔监测初值，以其他监测结果与之对比来反映该孔深部位移变化情况。从该孔监测曲线图(图17-27和图17-28)可以看出，该监测孔深部位移变形曲线呈摆动状变化，未出现明显突变位置及突变带，截至2021年6月25日，孔口位移在5mm内波动变化，本期无明显位移，表明该孔处坡体在监测期间处于稳定状态。

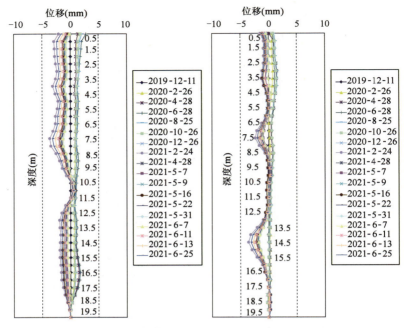

a) JCK03监测孔A0方向累计相对位移　　b) JCK03监测孔B0方向累计相对位移

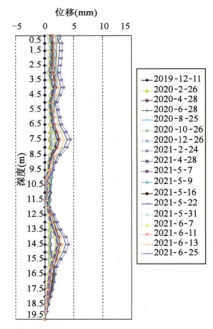

c) JCK03监测孔合成方向累计相对位移

图 17-27　JCK03 监测孔深部位移动态监测成果图

图 17-28　JCK03 监测孔累计相对位移—时间变化曲线

（4）JCK04 监测孔。

孔深 20.0m，经分析比较选择 2019 年 12 月 9 日的监测数据作为该孔监测初值，以其他监测结果与之对比来反映该孔深部位移变化情况。从该孔监测曲线图（图 17-29 和图 17-30）可以看出，该监测孔深部位移变形曲线呈摆动状变化，未出现明显突变位置及突变带，截至 2021 年 6 月 25 日，孔口位移在 6mm 内波动变化，本期无明显位移，表明该孔处坡体在监测期间处于稳定状态。

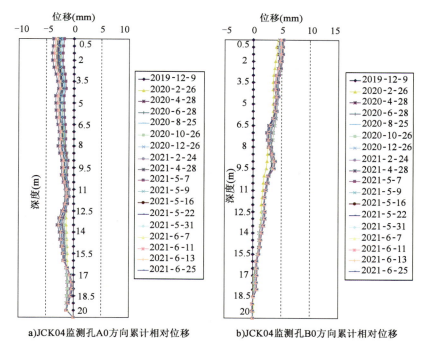

a）JCK04 监测孔 A0 方向累计相对位移　　b）JCK04 监测孔 B0 方向累计相对位移

图 17-29

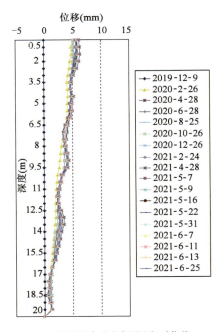

c) JCK04监测孔合成方向累计相对位移

图17-29　JCK04监测孔深部位移动态监测成果图

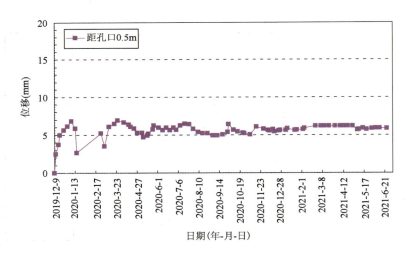

图17-30　JCK04监测孔累计相对位移—时间变化曲线

(5)JCK05 监测孔。

该监测孔埋设于 7 号抗滑桩内,孔深 19.5m,经分析比较选择 2019 年 12 月 25 日的监测数据作为该孔监测初值,以其他监测结果与之对比来反映该孔深部位移变化情况。从该孔监测曲线图(图 17-31 和图 17-32)可以看出,该监测孔深部位移变形曲线呈射线状变化,变形主要集中在 2020 年 7 月路基开挖施工期间,蠕动位移 5.5mm,其余时间未见位移趋势,截至 2021 年 6 月 25 日,孔口累计位移 8.3mm,本期无明显位移,表明该孔处坡体现阶段处于稳定状态。

(6)JCK06 监测孔。

孔深 20.5m,经分析比较选择 2019 年 12 月 9 日的监测数据作为该孔监测初值,以其他监测结果与之对比来反映该孔深部位移变化情况。从该孔监测曲线图(图 17-33 和图 17-34)可以看出,该监测孔深部位移变形曲线呈摆动状变化,未出现明显突变位置及突变带,截至 2021 年 6 月 25 日,孔口位移在 3mm 内波动变化,本期无明显位移,表明该孔处坡体在监测期间处于稳定状态。

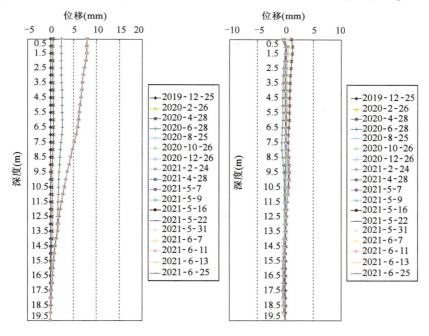

a)JCK05监测孔A0方向累计相对位移　　b)JCK05监测孔B0方向累计相对位移

图 17-31

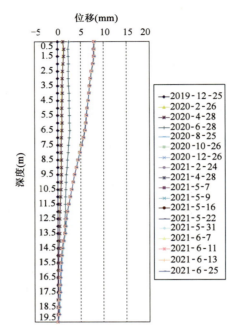

c) JCK05监测孔合成方向累计相对位移

图 17-31 JCK05 监测孔深部位移动态监测成果图

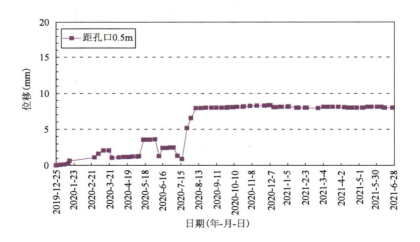

图 17-32 JCK05 监测孔累计相对位移—时间变化曲线

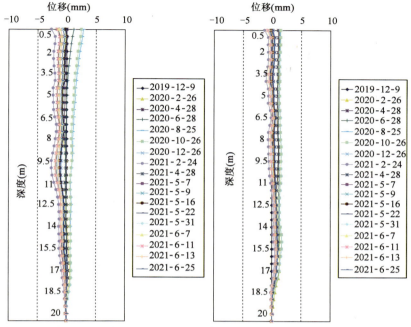
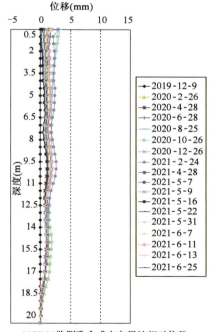

图 17-33　JCK06 监测孔深部位移动态监测成果图

图 17-34 JCK06 监测孔累计相对位移—时间变化曲线

(7) JCK07 监测孔。

该监测孔埋设于 12 号抗滑桩内,孔深 19.0m,于 2020 年 1 月 7 日开始监测,至 2020 年 4 月 22 日因施工被破坏,期间监测 12 次,无明显位移及突变。修复后,经分析对比,重新选择 2020 年 4 月 28 日监测数据作为该孔监测初值,以后监测结果与之对比来反映该孔深部位移变化情况。从该孔监测曲线图(图 17-35 和图 17-36)可以看出,2020 年 7 月路基开挖施工期间,12m 以上监测曲线呈射线状变化,蠕动位移 3.2mm,位移未持续,8 月后无明显位移,本期未有位移趋势。截至 2021 年 6 月 25 日,孔口累计位移 5.9mm,表明该孔处坡体在监测期间处于稳定状态。

本次对 7 个测斜孔进行了地下水位监测,截至 2021 年 6 月 25 日,JCK01、JCK02、JCK03、JCK04、JCK05、JCK06、JCK07 均未监测到孔内有地下水,该边坡所处地下水位较低。

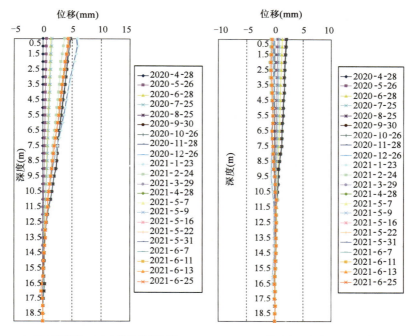

a) JCK07监测孔A0方向累计相对位移

b) JCK07监测孔B0方向累计相对位移

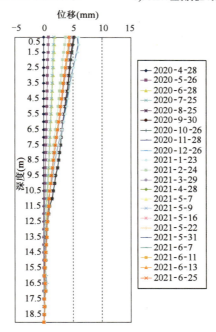

c) JCK07监测孔合成方向累计相对位移

图 17-35　JCK07 监测孔深部位移动态监测成果图

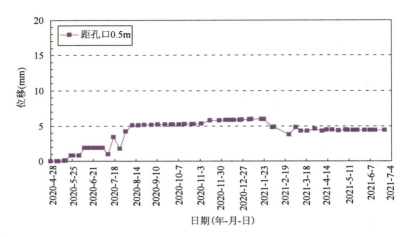

图 17-36　JCK07 监测孔累计相对位移—时间变化曲线

17.4　效益评价

（1）针对各段边坡的工程地质条件、规模、稳定性及设计支护措施，采用深部侧向位移人工监测、GNSS、拉线式智能位移监测、锚索应力监测、倾斜监测、降雨量自动化监测、地下水位等综合监测方法对其进行全方位监控。

（2）峰林特大桥万屯岸 W5、W4 危岩体：自动化监测结合地表巡视反映，目前 W5 危岩体处治施工完毕，W5 危岩体 GNSS 数据、拉线曲线、倾角数据稳定，数值变化都较小，无变形趋势；降雨变化与拉线、倾角波动不存在相关关系，说明危岩体目前稳定性相对较好。

（3）丁家坡 1 号大桥左侧堆积体：深部位移监测及地表巡视反映，该堆积体地表及深部未发现明显变形，2020 年 7 月强降雨期间，坡体局部浅层出现蠕动位移，但位移量较小，变形未持续，至 2021 年 6 月监测期间未有位移趋势，说明坡体现阶段处于稳定状态。

（4）ZK47+728.5～ZK47+820 段左侧边坡：深部位移监测及地表巡视反映，该段边坡 2020 年 7 月路基开挖过程中，一级平台抗滑桩内监测孔存在小量蠕动位移，2020 年 8 月中旬至 2021 年 6 月数据无明显变化；抗滑桩上部坡体未发现明显变形趋势，地下水位较低，对坡体稳定性影响不明显，该段边坡现阶段处于稳定状态。

第 18 章　石漠化地区高速公路滴灌自动化控制技术

18.1　技术背景

在公路施工及运行的过程中，养护工作非常重要，而景观绿化养护是公路养护工作的重要组成部分，合理的景观养护可以节约水源、降低人力成本、提高工作效率、促进土壤改良等。贵州省内 73.8% 的区域为典型的喀斯特地貌，土层薄且贫瘠，导致高速公路绿化植被种植及养护技术难度较大，成本高昂。此外，高速公路养护滞后使绿化带生长过慢，将显著影响其功能性的正常发挥；粗放的浇灌使绿化带植被营养过剩，植物生长过快也会影响绿化带的景观效果，增加修剪等养护成本。因此，养护管理对保持高速公路绿化带的景观效果、发挥生态效能和保障行车安全等具有关键性作用。

目前贵州省高速公路绿化养护多采用的传统水车浇灌、漫灌方式，存在以下几个方面的不足：①养护成本高；②绿化养护施工可能危及施工人员和行驶车辆的安全，高速公路绿化浇灌车慢速行驶存在很大的交通安全隐患；③漫灌多余的水流侵蚀路基，既造成水资源浪费，还会形成公路病害；④粗放的浇灌方式使高速公路绿化植被生长过快或过慢，影响了绿化带功能的正常发挥。因此，改变目前贵州传统的高速公路绿化带养护模式，采用新方法、新技术对景观进行养护，促进贵州高速公路绿化养护向精细化方向发展，对提高高速公路绿化带的功能，使其更好地发挥景观美化功能与生态环境效益，提高养护质量，保证交通安全性具有重要意义。

滴灌技术是目前世界上常用的一种用于发展干旱和半干旱地区农业的高效灌溉方式，其基本工作原理是将水连同肥料、农药等经过加压、过滤后，通过低压管道系统输送到滴头，将水分和植物生长所需养分定期、均匀、精确地输送到作物根部土壤中。它改变了传统的大水漫灌以及大面积施肥方式，这种水肥一体的灌溉模式实现了对作物的精准施肥和灌溉，很大程度上节约了用水、保护了土壤结构、减少了营养成分的流失、提高了作物产量、增加了经济效益。滴灌技术应用于高速公路将是绿化养护发展的必然选择，它将使高速公路绿化及生态环境建设方式发生巨大的变化。

在贵州高速公路绿化工程中引用自动滴灌技术，一次性栽植之后，所有的绿化养护管理工作都实现自动化。运用滴灌管理的模式，把营养液注入系统内，通过管道直接把水分和肥料施予根系周围区域，根据植物生长期营养变化的需要，小量、频繁地向作物输送养分，在植物整个生长期里保持均匀的营养水平，保障植物茁壮生长。把农药、除草剂注入滴灌系统内，可以除杂草，对土壤消毒、预防、杀灭病虫害，高度控制作物的生长。通过以上方式完成公路绿化养护的工作，实现对公路绿化养护工作的精细化、自动化作业。

18.2 技术概要

18.2.1 滴灌系统总体设计

滴灌是将水加压过滤处理后，通过不同形式的滴头将水滴均匀合理地滴入植物根区附近土壤的灌水形式。毛管既可以安放在地面，也可以埋入地下 20cm 或更深处。首先，滴灌相对于传统的拉水漫灌省水、省工、省地、省肥，根据作物的需水量要求适时适量灌水，水滴仅仅湿润植物根区及附近的土壤，是一种局部灌溉。滴灌可以实现管网供水，操作方便，劳动效率高，可以减少劳动力雇佣，降低成本；通过滴灌定向施肥，可以提高施肥效率。传统的水车灌溉利用效率仅为 10% 左右，滴灌中水的利用效率可以达到 90% 以上，且灌溉定额比地面灌溉减少了 75% 左右，节省了大量用水。其次，滴灌采用的压力较小，相对于漫灌更节能、增产、增效，能实现适时适量供水、供肥，可利用滴灌促进作物不同生育期的生长发育，对于中央分隔带植物的生长控制有明显的作用。此外，从投资角度分析，滴灌设备的初始投资比水车漫灌的投入小，而且在后期运营过程中减少了人工投入，甚至可以进行智能化的管理。据统计，一辆水车的水能一次性服务 3km 的中央分隔带；在为 6km 的分隔带服务过程中，水车漫灌的初始投资是滴灌设备投资的 3 倍，滴灌设备的初始投资仅为 6 万元左右，投资回收期为 4 年左右。通过投资预算分析，滴灌的后期运营成本比水车漫灌的后期运营成本节省 60%，运营能力也能相应提高，而且滴灌技术对地形适应性更强。因此，滴灌技术相对于其他灌溉方式优势明显，适用于高速公路沿线绿化带灌溉。根据对当地土质的分析，滴灌系统可以随土壤的渗透性调节流量，既不会产生地表径流，也不会产生深层渗透，由于滴灌是有压灌溉，对地面的平整度要求不高。高速公路应用滴灌系统具有广阔的前景，在未来的生态建设和人工智能发展过程中会逐步取代拉水漫灌这种传统的方式。滴灌技术的应用，可以节约资源和更好地养护高速公路绿化带，符合建设资源节约型、环境友好型、可持续发展社会的理念，同时，高速公路与滴灌技术的结合需要细致研究，逐步明确水头、长度、滴头之间的关系，减少设计盲目性。高速公路采用滴灌技术，应用前景广阔，经济效益、社会效益巨大，为高速公路生态建设打下坚实基础。

滴灌系统设计规划遵循以下原则：

(1)滴灌工程规划必须坚持因地制宜、技术先进、经济合理、使用方便、安全可靠的原则，充分发挥效益；调研沿线的地形、降水、水源地等资料。

(2)滴灌工程应统筹规划，结合当地环境优势，合理设计首部工程，最大限度发挥滴灌系统的优势。

(3)应考虑多目标综合利用，同时结合当地的降雨量、蒸发量等历年水文资料合理设计滴灌用水量；合理布置管网，尽可能覆盖灌溉面积。

(4)近期发展与远景规划相结合。从长远发展规划，根据具体实际，量力而行，分阶段实施工程，将系统做成开放式、阶段性升级体系，逐步开展。

(5)设计保证率不盲目追求高标准，根据具体环境灵活处理。对绿化植物的水分和氮、磷、钾等必需的营养成分进行实时监控，是实现自动协同滴灌的基础。为此，建立了一套植物营养在线监测系统。监测系统采用土壤水分、养分传感器对土壤的温湿度、电导率、氮磷钾含量等进行快速、准确的实时监测，通过计算机系统采集，可实时监控公路绿化带土壤的水分及营养状况，见图 18-1。土壤在线监测系统采用太阳能电池板供电，可采用有线或无线电进行信号传输。当植物发生水分或营养胁迫时，计算机系统发出预警。滴灌系统根据植物生理现状配制水或植物营养液进行滴灌，以保证植物的正常生长。当土壤水分或营养组分达到设定值时，系统停止滴灌。

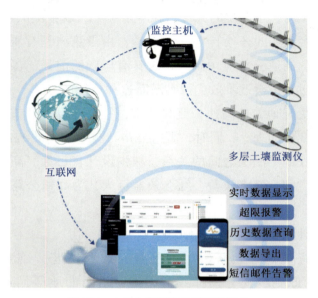

图18-1　土壤水分及营养状况监测系统

滴灌系统由水源，首部枢纽，输配水管网，灌水器，控制、量测与保护设备组成。在高速公路绿化滴灌系统中，水源是整个系统的基础，因此水源的选址、水量的稳定对整个系统的运行十分重要。高速公路沿线的河流、水塘、机井、人工集雨区等都可以作为系统的水源，对于沿线水源数量较多的，按水源质量、成本等进行选择，其他条件一致时，优先考虑距离。未来如果利用雨水集蓄工程作为灌溉水源时，应选择在集雨条件好、易于布设集蓄工程的地点，以节省投资。

首部枢纽包括水泵、过滤设备、进排气阀、控制阀、量测装置等。

输配水管网布置应遵循符合滴灌工程总体要求、管道布置应尽力保持平顺以方便清除障碍物、应尽可能距离水源地较近的原则。

高速公路绿化带滴灌自动化工程是一个系统工程，主要包括控制中心、流量监测系统、泵站水池水位监测、自动化滴灌控制、信息平台建设，其总体框架如图18-2所示。

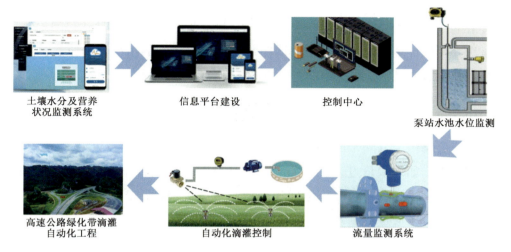

图 18-2　兴义环城高速滴灌带控制系统图

18.2.2　植物营养液配方及作用

不同时期植物营养液配方及作用如下：

(1) 新移栽期：将 Hoagland's (霍格兰氏) 营养液与萘乙酸、生根粉等植物调节剂混合制备出不同浓度组成的营养液可显著提高植株的活力根数及减少烂根的出现，同时植株表现出生长旺盛、新叶萌发快、叶面积大、个体质量大等特征。

(2) 生长期：可采用改良的霍格兰氏营养液，其主要配方为：四水硝酸钙 945mg/L，硝酸钾 506mg/L，硝酸铵 80mg/L，磷酸二氢钾 136mg/L，硫酸镁 493mg/L，铁盐溶液 2.5mL，微量元素液 5mL，pH 为 6.0。铁盐溶液配方为七水硫酸亚铁 2.78g，乙二胺四乙酸二钠 (EDTA-Na_2) 3.73g，蒸馏水 500mL，pH 为 5.5。微量元素液配方为碘化钾 0.83mg/L，硼酸 6.2mg/L，硫酸锰 22.3mg/L，硫酸锌 8.6mg/L，钼酸钠 0.25mg/L，硫酸铜 0.025mg/L，氯化钴 0.025mg/L。根据植物的种类和生长状况，可用 1/4~1 倍浓度的霍格兰氏营养液对植物进行滴灌，促进植物的生长。另外，还可根据植物的种类(乔木、灌木、草本)不同，配置不同的营养液，更有利于绿化植物生长的需要。

(3) 成熟期：保持外形，控制生长。限制植物水和肥料供应具有一定的矮化作用。落叶树和针叶树在发芽展叶期进行干旱胁迫，使植株稍受旱，新枝、新叶生长受到抑制，枝叶成熟后即变得短小。此外，不施肥或少施肥，让植株在较贫瘠的土壤中生长，特别是在生长期间限制氮肥的使用，有明显的矮化效果，但该法必须保证植株能维持其生命活动。对已矮化定型的植株，仍应适量施肥，主要在缺水时以补水为主。

18.2.3 滴灌系统设计技术系数

高速公路中央分隔带的土质一般比较贫瘠，滴灌过程中水量的多少是植物生长的关键，如果水量过多，可能引起路基损毁或路面行车环境变差；水量过少，则难以满足灌溉要求。应考虑当地植物根系发展情况，不同植物根系生长深度不同，可以通过控制水量的多少来控制根系的生长速度，防止根系生长过快，影响路基稳定。针对上述问题，应考虑的技术参数如下：

（1）作物需水量包括作物蒸腾量与颗间蒸腾量。滴灌工程设计中常用蒸发皿法估算作物需水量，采用式（18-1）计算。

$$ET_c = K_c K_p E_p \tag{18-1}$$

式中：ET_c——作物需水量，可按月、旬计算，也可根据生育期计算（mm/d）；

K_c——作物系数，反映作物特性对作物需水量的影响；

K_p——蒸发皿蒸发量与自由水面蒸发量之比，又称"皿系数"，根据当地水文或气象站资料分析确定；

E_p——确定时段内口径为 80cm 蒸发皿的蒸发量（mm/d）。

（2）灌溉补充强度是指作物生长所必需的最少水量，可按式（18-2）计算。

$$I_a = E_a - P_0 - S \tag{18-2}$$

式中：I_a——灌溉补充强度（mm/d）；

E_a——滴灌条件下的设计耗水强度（mm/d）；

P_0——有效降雨量（mm/d）；

S——根层土壤和地下水补给量（mm/d）。

对于一般地面，在设计状态下，可认为作物消耗的水量全部由滴灌来补充，按式（18-3）来计算。

$$I_a = E_a \tag{18-3}$$

（3）土壤湿润比是滴灌湿润土体占计划湿润层深度总土体的百分比，可以通过式（18-4）来确定。

$$P = \frac{0.785 D_w^2}{S_t \cdot S_e} \times 100 \tag{18-4}$$

式中：P——土壤湿润比(%)；

D_w——土壤水分水平扩散直径或湿润带宽度，它的大小由土质、滴头、灌水量等因素决定；

S_t——毛管间距(m)；

S_e——滴头间距(m)。

实践中，土壤湿润比习惯以地面以下20~30cm处湿润面积占总灌水面积的百分比表示。常用的有果树选取地面以下25~40cm，景观植物等则根据实际控制等。

(4)流量偏差率对于评价滴头流量均匀性、灌溉质量、滴灌系统设计等具有很大的意义。根据流量偏差率的公式及现行《微灌工程技术标准》(GB/T 50485)的规定，流量偏差率为滴头最大流量与最小流量之差和滴头流量平均值的比值，即式(18-5)。

$$q_v = \frac{q_{\max} - q_{\min}}{\bar{q}} \times 100 \tag{18-5}$$

式中：q_v——流量偏差率(%)；

$q_{\max}$——滴头最大流量(L/h)；

$q_{\min}$——滴头最小流量(L/h)；

$\bar{q}$——滴头平均流量(L/h)。

(5)滴灌的灌水均匀度可用克里斯琴森(Christiansen)均匀系数来表示，按式(18-6)和式(18-7)来计算。

$$C_u = 1 - \frac{\Delta q}{q_a} \tag{18-6}$$

$$\Delta q = \frac{\sum_{i=1}^{N} |q_i - q_a|}{N} \tag{18-7}$$

式中：C_u——灌水均匀系数；

Δq——灌水器流量的平均偏差(L/h)；

q_a——灌水器平均流量(L/h)；

q_i——各灌水器流量(L/h)；

N——灌水器数目。

(6)灌水器设计工作水头根据灌溉面积、地形地貌、植物需水量、首部工程条件等综合确定,不宜低于 2m 水头,但在高速公路中央分隔带上,设计水头是成本的主要来源。目前有一种先进的滴灌技术为低压管道输水,水头为 5m 以下,大大降低了设计及施工成本,本文主要讨论低压情况下滴灌为高速公路分隔带应用的可行性,同时预测研究其他水头高度、滴灌管长度等条件下的规律。其中,灌水均匀度与流量偏差率是滴灌设计中比较重要的两个参数,有必要通过科学的试验来确定灌水均匀度、流量偏差率与管长、初始水头、滴头间距的具体关系,为滴灌系统的设计提供参考。滴灌设备是一种高效的节水工艺,但是在高速公路中的应用还比较少,通过试验确定均匀度、流量偏差率等变化规律,明确其与影响因素的对应关系,观察滴灌设备在工作中的问题,为滴灌在高速公路中的应用做好准备。限于时间及条件等,本文针对灌水均匀度、流量偏差率两个参数进行试验研究及预测。

(7)设计灌水定额应根据当地实际试验资料根据式(18-8)和式(18-9)计算。

$$m = \frac{0.1\gamma zp(\theta_{\max} - \theta_{\min})}{\eta} \tag{18-8}$$

$$m = \frac{0.1zp(\theta'_{\max} - \theta'_{\min})}{\eta} \tag{18-9}$$

式中: m——设计灌水定额(mm);

γ——土壤重度(g/cm³);

z——计划土壤湿润比(%);

p——土壤计划湿润层深度(cm);

$\theta_{\max}$、$\theta_{\min}$——土壤适宜含水率(占干土重量的百分比)上下限;

$\theta'_{\max}$、$\theta'_{\min}$——土壤适宜含水率(占土壤体积的百分比)上下限,见表 18-1;

η——灌溉利用系数。

各种土壤适宜含水率 表 18-1

土壤类别		$\theta'_{\max}$(%)	$\theta'_{\min}$(%)	$\theta'_{\max} - \theta'_{\min}$(%)
黏土	细粒	43	30	13
黏壤土	细粒	31	22	9
壤土	中等	17	7	10
沙壤土	中等	12	4	8
沙土	粗粒	4	1	3

(8)设计灌水周期根据特定的气候、土壤等条件经试验确定,逐步建立数据库。在偏远地区,试验条件无法达到条件时,可以参考相近地区或依靠经验并

结合公式(18-10)和表18-2进行灌溉。

$$T = \eta \frac{m}{E_a} \quad (18\text{-}10)$$

式中：T——设计灌水周期(d)；

E_a——设计作物耗水强度(mm/d)。

不同气候和土壤条件下灌水周期建议值 表18-2

气候条件	土壤类别		
	很粗的砂土不保水	轻砂质土(d)	黏壤土和黏土(d)
炎热、干燥蒸腾速度快	在作物需水高峰期	在粉砂和细砂土上 1~2	在通气不良的重黏土上 2~3
中等	在作物需水高峰期	2~3	3~4
凉、蒸腾速度慢	在作物需水高峰期	2~3	6~8

(9)单行直线布置毛管，一次灌水延续时间由式(18-11)确定。

$$t = \frac{mS_e S_L}{q} \quad (18\text{-}11)$$

式中：t——一次灌水延续时间(h)；

S_e——灌水器间距(m)；

S_L——毛管间距(m)；

q——灌水器流量(L/h)。

对于树木，例如高速公路中央分隔带中的绿化树木，采用固定式滴灌时，若每个树穴有 n 个灌水器，则一次灌水延续时间由式(18-12)来计算。

$$t = \frac{mS_r \cdot S_t}{n \cdot q} \quad (18\text{-}12)$$

式中：S_r、S_t——树株、行距(m)。

由于天气情况差异，灌水次数主要根据土壤和绿化植物的生长周期确定。在绿化植物成长期，以最大适宜灌溉量为宜，秋冬季节可多灌，春夏季节少灌，促进植物快速生长。在植物成熟期，为了更好控制植物的快速生长，以能保证植物生长的灌溉量为宜。在此，最好采用土壤水分监测仪，自动检测土壤水分，确定滴灌时间和滴灌量。

18.2.4 滴灌系统管理

在滴灌系统的管理方面，要注意：

(1)组织管理。

建立管理机构，根据工程规模大小，建立不同形式的管理机构，固定专职管理人员，选用专业人才参加工程建设，以便在施工建设中得到培养和提高；制订定期检查工作机制，及时更换保养计划，明确责任人。

（2）用水管理。

正确制订灌水计划并组织实施，根据具体情况及时调整。滴灌系统在每年运行以前，应根据工程设计的要求，综合分析当年的植被生长情况、降雨资料、预报资料等，编制年度和分期用水计划。重点是根据水源地可提供的水量和灌溉作物的种类，明确当年的灌溉计划，可以建立数据库，逐步实现精细化、智能化管理。为保证编制计划的准确性，选择具体的地方作为测点进行定点观测，提供准确依据，为整个系统资料分析做储备。

（3）其他管理。

首部枢纽的管理主要是水泵运行管理，包括试泵前检查、运行中的运行管理、水泵故障的排除；电机运行管理包括电机启动前的检查、电机运行中的检查和维护、电机故障的排除等；过滤器运行管理主要是指对过滤器的清洗，灌溉水质的好坏直接影响过滤器的清洗次数，为保证过滤效果，要经常进行清洗。

18.2.5　滴灌系统维护与保养

在滴灌系统的维护与保养方面，要注意：

(1)水源工程与首部枢纽维修保养。

①水源工程。

对各个水源定期检查，保护水源地水质安全，杜绝水质污染；对污物定期清除；在非灌水季节，对管道、设备等全面检修。

②过滤器。

过滤器要定期检查，特别是在非灌溉期，及时修复并更换问题过滤器。

③量测仪表维修养护。

每年灌水结束后，对首部枢纽布设的量测仪表进行保养和调试。

(2)管道系统的维修养护。

①日常维修养护。

在日常的使用过程中，定期检查易损部分，例如阀门、接头处。

②岁修保养。

在每年夏季降水期，要全面细致检查、清理。对管道进行杀菌、消毒后排空管道内水分，防止微生物繁殖。

18.3 示范工程应用

根据贵州高速公路绿化的实际情况，研发集成高速公路绿化协同控制滴灌系统。该系统含绿化土壤水肥条件实时远程监控、自动滴灌控制系统和营养液配方。该系统可通过4G网络技术使用手机App远程操作，进行智慧滴灌施肥补水浇灌，既控制了植物的生长，又可以消除杂草、进行土壤消毒、预防和杀灭病虫害，实现绿化工程的无人化维护，减少绿化养护的人力、物力投入。通过该系统的综合集成，实现高速公路绿化带的自动滴灌，降低养护成本，提高行车安全。通过在服务区及中央分隔带绿化养护工程中应用协同控制滴灌技术，有利于植物生长，提高了兴义环城高速公路景观绿化效果，取得了较好的成效。

该服务区绿化工程滴灌系统全长1500m，灌溉面积达30亩（1亩≈666.6m^2），全部绿化工程采用智能化滴灌系统进行全天候灌溉智能管理。兴义环城高速公路楼纳服务区绿化工程智慧灌溉控制系统主要由监控中心（计算机管理中心、手机App或微信小程序）、物联网采集控制终端、电磁阀、灌溉泵等设备组成。系统采用低电压安全的电磁阀工作，自动开关并配有手动功能，方便应急及维修；采用高位水池取水通过砂石过滤器过滤增压供水进行滴灌和施肥。智慧灌溉一体化系统的示意如图18-3所示，系统配置内容如图18-4所示。

系统根据作物的需求规律、土壤水分、土壤性质等条件提供最合适的水肥灌溉方案，水肥一体化系统按照该方案进行定时定量灌溉。该系统具有以下几点功能：

（1）精准灌溉：通过传感器采集传回的信息，判断分析土壤需水量，自动浇灌，到设定的阈值时停止浇灌，达到节约用水、精准灌溉的目的。

（2）远程集中控制：该系统支持远程控制、手动控制、自动控制、定时控制等多种工作模式，可对所有灌溉设备进行控制，节约人力。

（3）操作日志：系统自动记录对设备进行的操作，自动生成操作生产日志。

（4）景观环境监测：平台通过传感器采集终端，全面、科学、真实地反映被监测区的环境变化，提供各监测点的环境变化及土壤墒情状况。

图 18-3　智慧灌溉一体化系统示意图

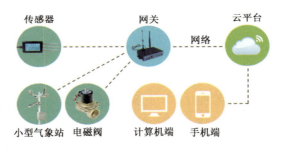

图 18-4　系统配置

18.4　效益评价

对兴义环城高速公路的部分路段中间分隔绿化带和服务区采用协同滴灌系统技术进行施工,取得良好效果,具体使用情况见图 18-5。项目的实施可有效减少高速公路绿化养护的人员、资金投入,降低高速公路的运营成本,提高高速公路的营收能力。通过滴灌技术精准施肥、喷洒农药,可大大提高化肥、农药的利用效率,降低运营成本。通过采用石漠化地区滴灌自动化控制技术,可以实现高速公路中央分隔带和服务区绿化养护的自动化和精准化，提高贵州喀斯特石漠化地区高速公路绿化建设的效率和效果，节约水资源 80% 以上，减少后期养护管理工时 90% 以上。

图 18-5　远程设备控制

通过协同控制自动滴灌技术，可以高效地实现精准养护，提高对高速公路绿化带的养护效率，促进植物的合理生长，保证高速公路的安全、有效运行。自动滴灌技术可以降低高速公路绿化现场维护人员的设置数量，可大大减少突发安全事故的风险，从而促进高速公路的安全运行。滴灌技术的应用减少了农药、化肥进入周边环境及对高速公路周边环境产生的污染，产生了显著的社会和环境效应。滴灌系统建设成效见图 18-6。

图 18-6

喀斯特石漠化地区高速公路绿色建造创新技术与应用
贵州兴义环城高速公路实践

图 18-6　滴灌系统建设成效

第 19 章　隧道新型节能光环境及控制技术

19.1　技术背景

公路隧道具有缩短里程、节约时间、提高交通运输效率、节约用地、有利于保护生态环境等优点，因而在山区高速公路建设中得到了广泛应用。贵州兴义属于喀斯特地貌，公路具有极高的桥隧比，隧道照明与光环境的匹配对公路后期运营降能降耗具有重要的意义。

隧道洞内通常表现为低照度、小空间和单调的封闭环境，且有"黑洞白洞"效应问题困扰。为缓解上述问题，常规做法是增加照明灯具，然而过多照明灯具的设置导致隧道运营耗电极高，前期建设成本和后期维护成本居高不下，同时也衍生出了眩光效应问题。如何在保证行车安全前提下尽可能地节约高速公路隧道照明相关费用，进一步提升高速公路隧道的综合节能减排指标，是当今交通运输行业的关注重点。借助现代先进技术手段，打造隧道节能型光环境，提升驾驶员的生理、心理应急能力，实现隧道无源长延时低功耗照明是当下研究的课题。

19.2　技术概要

针对贵州喀斯特山区高桥隧比的交通特征，依托兴义环城高速公路项目，并以丰都隧道为研究对象，以《公路隧道照明设计细则》（JTG/T D70/2-01—2014）（以下简称《细则》）为依据，开展隧道新型节能光环境的研究，使得光学长隧道实现柔光增亮、长延时自发光、导视逃生、救援指示与节能减排的综合功能，主要研究内容分为如下五个方面：

（1）丰都隧道光环境特性及节能路径研究。

按照《细则》，对丰都隧道光环境进行全面测定，按照接近段、入口段、过渡段、中间段、出口段的照度与亮度，绘制全洞亮度的时间函数和距离函数曲线；依据原有照明设计，从隧道照明、应急指示标识标牌、墙面柔光增亮、墙面清洗方式等方面入手，运用新材料技术开展隧道的综合节能方式与节能路径研究，对比分析原有设计与新型节能光环境的节能效益。

（2）长余辉发光材料系统对丰都隧道光环境的节能效果研究。

研究铝酸盐涂料配合比、涂装方式、施工工艺、激发能量、激发功率、灯具安装位置对隧道柔光导视面亮度提升特性，测定不同激发状态与激发时间条件下的亮度曲线，绘制亮度衰减时间函数曲线，确定间歇激发时间与激发功率；研究涂料耐老化、阻燃、防污性能，测定涂料疏水接触角、耐擦洗次数、总燃烧热值、燃烧速率增长指数，确保导视面涂料性能在符合隧道标准前提下具有疏水自洁净功能。

（3）丰都隧道新型节能光环境的工艺研究。

以亮度变化为标准，绘制隧道亮度变化距离函数曲线；在驾驶者视角下开展导视墙面柔光和眩光效应的研究，测定眩光值；以《细则》为依据，测定节能光环境下隧道激发时间、长余辉铝酸盐发光涂料发光时间、激发功率，综合测算隧道长延时系统下的能耗，确定能耗、亮度、照度、频闪、眩光值等关键参数，并与原有设计进行对比研究，实现隧道光环境品质的提升，大幅缓解隧道的"黑白洞"效应。

（4）新型节能光环境下丰都隧道的应急特性研究。

以亮度为标准值，测定隧道全应急（停电兼应急照明失效）状态下，隧道内逃生诱导和救援导视效果，绘制长余辉发光导视面、应急发光标识标牌的亮度衰减时间函数曲线，确定全应急状态下隧道逃生救援抢险最佳时间窗口，为突发重大交通事故救援抢险提供理论依据。

（5）隧道洞内灯光智慧控制研究。

以行车传感器和亮度传感器为信号输入端，研究行车数量和洞外环境亮度对隧道节能效果的影响，实现隧道洞内灯光与发光涂料随车辆流量开启，车辆离开洞内行车段关闭或降低功率，利用铝酸盐的长余辉效应实现洞内无源自发光，实现隧道洞内亮度的可调节，大幅提升隧道的节能效果。

（6）综合能耗监测平台的建立研究。

以《细则》为依据，测定隧道激发系统、长余辉铝酸盐发光涂料发光时间、激发功率，综合测算隧道长延时系统下的能耗，将隧道能耗数据上传云端，依据大数据综合云算法，建立实时监测平台，分析新型节能光环境减排参数值。

通过洞外导视、洞内长余辉自发光、疏水自洁净、节能管控的技术应用，提升丰都隧道行车安全性、大幅彰显节能减排效果，具体按照如下几大板块实施，分别如下：

(1) 对丰都隧道原有设计照度、亮度、能耗、眩光特性进行分析，在长余辉铝酸盐材料配合新型激发系统条件下，对隧道光环境与能耗进行评估，从隧道接近段、入口段、洞口弧形面、洞内柔光导视面、激发功率、疏水自洁净、余辉发光时间、能耗监测平台搭建等方面入手，开展综合节能效果评价，对原有设计方案进行优化。

(2) 丰都隧道入口段、洞口弧形面行车灯光导视的优化及实施。

隧道入口段行车灯光导视具体方案如下：左幅隧道入口段的行车灯光导示部分总长度为40m(洞外)，在入口段波形栏立柱上安装长余辉自发光反光指示灯，间距4m，两边各10套，导视效果图与实际图如图19-1所示。

a) 效果图　　　　　　　　　　　　　b) 实际图

图 19-1　入口段导视效果图与实际图

隧道洞口弧形面导视灯光方案如下：洞口弧形面安装长余辉铝酸盐发光反光膜，发光反光环基板采用外形轮廓与隧道洞口弧形面轮廓一致的薄铝板制作，并用螺栓固定，通过安装的LED能量激发灯具进行间隙激发，如图19-2所示。

a) 效果图　　　　　　　　　　　　　　b) 实际图

图 19-2　洞口反光发光弧形面效果图与实际图

(3) 丰都隧道(左右洞)长余辉铝酸盐发光材料与激发灯具方案的实施。

依据隧道原有设计，隧道双洞(453m + 485m)长余辉铝酸盐发光涂料的施工面为电缆沟盖板往上垂直高度 0.7m + 3.5m。

采用高压喷涂施工工艺辅以表面疏水技术对柔光导视面进行施工(施工面积 6566m²)，并依据规范设立无源自发光应急标识标牌。传统隧道交通安全标识标牌多采用主动发光形式，配合应急有源照明实现辨识，前期投入与后期维护成本都较高，且在紧急极端环境下应急能力较弱，无法自发光，在黑暗隧道无法进行有效辨识。本方案创新性地将长余辉铝酸盐发光材料应用在交通安全标识标牌领域，在全应急状态下可长余辉自发光，实现黑暗环境中的有效辨识。

在电缆沟盖板垂直高度往上 4.2m 处水平直线安装半光谱 LED 能量激发灯具(1876 套，双洞总功率 20～45kW，运营功率 6～13kW)，照射角度全面覆盖长余辉铝酸盐涂料的涂装面，对发光涂料墙面进行能量间歇式激发，施工面效果图如图 19-3 所示，隧道通车后整体效果图如图 19-4 所示(原有设计照明保留，激发灯安装在 4.2m 处)。

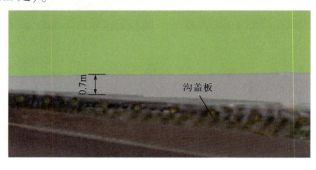

图 19-3　施工面效果图

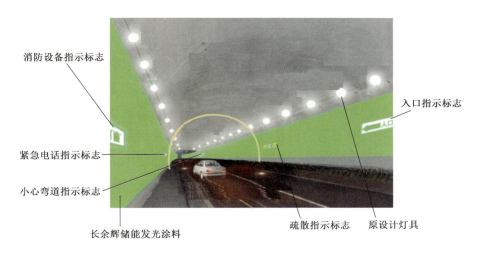

图 19-4　隧道内整体效果图

19.3　示范工程应用

兴义市环城高速公路全长 62.5km，设计速度 80km/h，全线共设隧道 26 座，是理想的隧道光环境研究实验地点。

丰都隧道属于端墙式洞门隧道，设计车速 80km/h，左幅隧道全长 453m，右幅隧道全长 485m，在进洞第一停车视距下（90m），均能看见隧道出口，施工前现场实景图如图 19-5 所示。从图 19-5 可知，丰都隧道是一座典型的非光学隧道。

a)左幅隧道

b)右幅隧道

图 19-5　施工前丰都隧道实景

根据《细则》，单向通行隧道照明区段一般分为入口段、过渡段、中间段和出口段。丰都隧道左幅原有照明灯具设计，入口段Ⅰ灯具布置长度为48m、入口段Ⅱ灯具布置长度为48m、过渡段灯具布置长度为72m、中间段灯具布置长度为255m、出口段Ⅱ灯具布置长度为30m，隧道照明设计总功率为9.7kW，其LED灯具数量及功率如表19-1所示。从表19-1中可知，隧道的入口段和出口段设置了大量的LED照明灯具，入口段Ⅰ功率为3.4kW，入口段Ⅱ功率为2.1kW，过渡段功率为1.7kW，中间段功率为1.8kW，出口段Ⅱ功率为0.7kW。在入口段Ⅰ和入口段Ⅱ短短96m距离下，电光照明的总功率高达5.5kW，如此高功率的照明设计主要是为了缓解驾乘人员视觉的"黑洞"效应，进而提升隧道的交通安全性和光环境的舒适性。

丰都隧道左幅灯具数量及功率　　　　　　　　　　　　表19-1

灯具用途	功率（W）	入口段Ⅰ 48m（套）	入口段Ⅱ 48m（套）	过渡段 72m（套）	中间段 255m（套）	出口段Ⅱ 30m（套）	功率（kW）
左侧加强照明	80	18					1.4
右侧加强照明	80	20					1.6
左侧加强照明	80		11				0.9
右侧加强照明	80		11				0.9
左侧加强照明	40			12			0.5
右侧加强照明	40			12			0.5
左侧加强照明	50					4	0.2
右侧加强照明	50					5	0.3
应急照明	30	6	5	12	30	4	1.7
基本照明	30	6	5	12	30	3	1.7

丰都隧道右幅原有照明灯具设计，入口段Ⅰ灯具布置长度为38m、入口段Ⅱ灯具布置长度为38m、过渡段灯具布置长度为72m、中间段灯具布置长度为307m、出口段Ⅱ灯具布置长度为30m，隧道照明设计总功率为8.7kW，其LED灯具数量及功率如表19-2所示。

丰都隧道右幅灯具数量及功率　　　　　　　　　　　　表19-2

灯具用途	功率（W）	入口段Ⅰ 38m（套）	入口段Ⅱ 38m（套）	过渡段 72m（套）	中间段 307m（套）	出口段Ⅱ 30m（套）	功率（kW）
左侧加强照明	80	14					1.1
右侧加强照明	80	14					1.1

续上表

灯具用途	功率(W)	入口段Ⅰ 38m(套)	入口段Ⅱ 38m(套)	过渡段 72m(套)	中间段 307m(套)	出口段Ⅱ 30m(套)	功率(kW)
左侧加强照明	80		8				0.7
右侧加强照明	80		8				0.7
左侧加强照明	40			12			0.5
右侧加强照明	40			12			0.5
左侧加强照明	50					4	0.2
右侧加强照明	50					5	0.3
应急照明	30	5	4	12	36	4	1.8
基本照明	30	5	4	12	36	3	1.8

针对贵州喀斯特山区高桥隧比的交通特征，依托兴义环城高速公路项目，并以丰都光学长隧道为研究对象，在《细则》下，分别开展隧道新型节能光环境和隧道侧壁涂装方式对洞内光环境的影响研究，使得光学长隧道实现了柔光增亮、增光增亮、长延时自发光、导视逃生、救援指示与节能减排的综合功能。

按照《细则》，对丰都左幅隧道行车区间的照明区段重新划分，对地面亮度值和距离进行计算，其入口段Ⅰ、入口段Ⅱ、过渡段、中间段、出口段Ⅰ和出口段Ⅱ的亮度和长度计算过程如式(19-1)~式(19-7)所示。公式中的0.5表示长度为300m<L≤500m的非光学长隧道亮度按50%取值。

$$L_{th1} = 0.5 \times k \times L_{20}(S) \tag{19-1}$$

$$L_{th2} = 0.5 \times 0.5 \times k \times L_{20}(S) \tag{19-2}$$

$$L_{tr1} = 0.15 \times L_{th1} \tag{19-3}$$

$$L_{ex1} = 3 \times L_{in} \tag{19-4}$$

$$L_{ex2} = 5 \times L_{in} \tag{19-5}$$

$$D_{th1} = D_{th2} = \frac{1}{2}\left(1.154 D_s - \frac{h-1.5}{\tan 10°}\right) \tag{19-6}$$

$$D_{tr1} = \frac{D_{th1} + D_{th2}}{3} + \frac{V_t}{1.8} \tag{19-7}$$

式中：L_{th1}、L_{th2}——入口段Ⅰ和入口段Ⅱ的地面亮度值(cd/m²)；

k——入口段亮度折减系数，丰都隧道取值为 0.025；

$L_{20}(S)$——洞外亮度(cd/m^2)，丰都隧道取值为 $3000cd/m^2$；

L_{tr1}——过渡段亮度值(cd/m^2)；

L_{ex1}——出口段Ⅰ的亮度值(cd/m^2)；

L_{ex2}——出口段Ⅱ的亮度值(cd/m^2)；

L_{in}——中间段的亮度值(cd/m^2)，丰都隧道取值为 $1.5cd/m^2$；

D_{th1}、D_{th2}——入口段Ⅰ、入口段Ⅱ的长度(m)；

D_s——照明停车视距(m)，丰都隧道取值为 90m；

h——隧道内净空高度(m)，丰都隧道取值为 9m；

D_{tr1}——过渡段长度(m)；

V_t——设计速度(km/h)，丰都隧道取值为 80km/h。

依据式(19-1)~式(19-5)，丰都隧道内地面亮度在满足《细则》要求下，对应其在进洞处地面亮度 $37.5cd/m^2$、入口段Ⅰ尾部地面亮度值为 $18.625cd/m^2$、入口段Ⅱ尾部地面亮度值为 $5.625cd/m^2$、中间段地面亮度值为 $1.5cd/m^2$、出口段Ⅰ前端地面亮度值为 $4.5cd/m^2$、出口段Ⅱ前端地面亮度值为 $7.5cd/m^2$；依据式(19-6)和式(19-7)计算得出，丰都隧道入口段Ⅰ长度为 40m、入口段Ⅱ长度为 40m、过渡段长度为 71m、中间段长度为 242m(右洞 274m)、出口段Ⅰ为 30m、出口段Ⅱ为 30m。与表 19-1 对比可知，计算结果与原有设计的灯具布置长度能很好地对应。

依据《细则》，将上述计算结果的亮度与进洞距离的关系作图，其结果如图 19-6 所示。从图 19-6 中可知，在《细则》条件下，丰都隧道左右幅进洞入口段地面亮度较高，主要是为了缓解视觉的"黑洞"效应，当驾乘人员视觉适应黑暗光线后，地面亮度值在中间段较低，在出口段地面亮度又升高，主要是为了使驾乘人员视觉适应"白洞"效应。依据《细则》可知，隧道右幅地面亮度曲线与左幅地面亮度曲线应保持一致，而隧道内对应区间亮度值变化趋势与区间照明设计功率大小能很好对应，进一步说明了电光照明已成为缓解隧道"黑白洞"效应的有效手段。然而，兴义丰都隧道地处喀斯特山区，电光照明存在布线规模大、线路复杂、耗能高、维修检查困难、应急能力弱等缺点。当前，亟须利用新材料技术开展运营节能与应急安全的技术推广，以期解决山区高速公路隧道在运营和管理方面的难题。

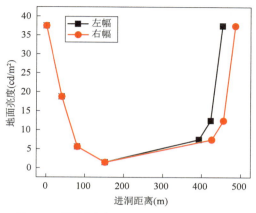

图 19-6　隧道内部各照明段的长度与亮度的关系

丰都隧道左幅453m、右幅485m，本项目对左幅采取全隧道两边适当高度整体通涂（左侧墙面3.5m×453m，右侧墙面3.5m×453m），而对右幅隧道采取进口48m和出口30m全断面通涂，中间部分407m采取白色涂料涂装，白色涂料上涂装高亮反射性涂料作为腰线，腰线长407m、宽0.3m。在《细则》要求下，研究长余辉发光涂料在隧道中的节能特性，左幅隧道是理想的研究对象。

采用长余辉铝酸锶发光粉与水性乳液材料配合制成长余辉发光涂料，通过高压喷涂机喷涂于隧道墙面，并利用半光谱LED能量激发灯配合照射，在实现隧道墙面增光增亮的同时，还能实现隧道墙面的无源长延时自发光，是一种理想的节能安全应用形态。然而，从现有国内外资料来看，该方案对隧道内部地面和墙面亮度的影响缺乏相关理论研究，很有必要进一步开展详细研究。

隧道墙面长余辉铝酸锶发光涂料的涂装位置与半光谱LED能量激发灯具的安装方式可在整个隧道两侧墙面形成高度为350cm的发光导视面，导视面有望大幅提升隧道的节能和安全指标。丰都隧道节能光环境实景如图19-7所示。

图 19-7　丰都隧道节能光环境实景图

在半光谱 LED 能量激发灯具配合及未开隧道电光照明灯具的情况下，仅利用 30% 的激发功率，使长余辉铝酸锶发光涂料的发光性能优异。隧道内光环境整体通透，物体的可辨识性理想，视觉感官较好，驾乘人员能明显辨识清楚隧道内部物体，说明半光谱 LED 能量激发灯配合长余辉铝酸锶发光涂料能实现隧道的照明功能。在不同激发功率下，隧道地面亮度整体与《细则》要求的曲线变化规律一致，表现为进洞和出洞一定距离范围内亮度较高，中间段亮度较低，导致不同激发功率下的中间段亮度难以区分。为此，专门抽取出洞 30m 和进洞 40m 后的行车区间地面亮度数据作图（图 19-8 和图 19-9）。在 30%、50%、80% 和 100% 激发功率下，隧道地面亮度随激发功率的增大而增大，激发功率在 50% 以上时，中间段亮度均在 $1.5cd/m^2$ 以上，进一步印证了激发灯配合长余辉发光涂料使用时，隧道中间段地面亮度能满足《细则》要求。

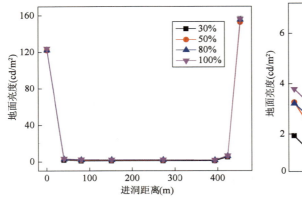 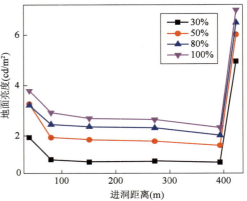

图 19-8　不同激发功率下隧道地面亮度曲线　　图 19-9　不同激发功率下洞内地面亮度曲线

为开展长余辉发光材料对隧道内部光环境特性的影响研究，单独对隧道左幅进行研究。由于长余辉铝酸锶发光涂料发光波长在黄绿光范围内，属于二次弱光源，色温与亮度值相对降低，为满足隧道内部地面亮度标准，很有必要在隧道入口段、过渡段和出口段适当增加普通 LED 照明光源，以便实现隧道洞内亮度的平缓过渡。依据《细则》，普通 LED 照明灯具（功率 30W）在入口段设置 34 套，过渡段设置 10 套，出口段设置 8 套，且仅在白天开启。为明确在半光谱 LED 能量灯具（30% 的激发功率）和普通 LED 照明灯具开启状态下的隧道亮度变化规律和节能效率，利用亮度测试仪对地面亮度进行测定。

在激发灯 30% 的激发功率下的配合入口段、过渡段和出口段的普通 LED 照明灯具，丰都隧道白天地面亮度曲线能符合《细则》要求，且在进洞和出洞时地面亮度优于标准要求，说明半光谱 LED 能量激发灯照射长余辉铝酸锶发光涂料配合适当数量的 LED 照明灯具能提升隧道进洞和出洞时地面亮度，中间段仅依靠激发灯照射发光涂料即可使隧道地面亮度满足《细则》的要求。中间段的亮度高达 2.73cd/m²，且导视效果优异，整体光环境较为舒缓（图 19-10）。丰都隧道地面理论亮度和实测亮度的变化示意图如图 19-11 所示。

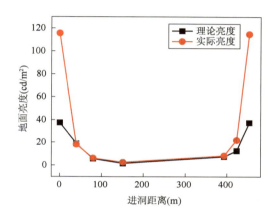

图 19-10　丰都隧道地面理论亮度与实际亮度

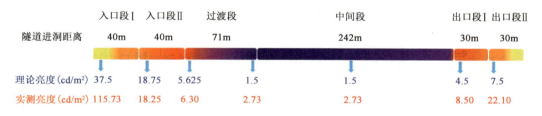

图 19-11　隧道地面理论亮度和实测亮度的变化示意图

在隧道侧壁涂装材料适用范围和条件方面，隧道侧壁作为视野感知域的重要组成部分，对驾乘人员能否清楚辨识洞内障碍物具有重要影响，提高墙面和地面的对比度有利于提高公路隧道的安全系数。

为探究隧道侧壁涂装材料对隧道内部光环境的影响，选取兴义环城高速公路三座长度、内外环境和原始设计相近的隧道，分别采用白色涂料、长余辉发光涂料和水泥抹灰砂浆方式进行涂装，利用亮度仪和眩光仪测定了三种涂装方式下隧道中间段的地面亮度、墙面亮度和空间炫光值，探讨了侧壁涂装方式对隧道光环境的影响，以期为后续隧道侧壁涂装材料的选取提供参考。

分别选取丰都隧道左幅、丰都隧道右幅和东坝一号隧道左幅为研究对象，三条隧道详情如表19-3所示。三条隧道长度均小于500m，属于短公路隧道类型，且均有电光照明设计，功率较大。

三条隧道详情　　　　　　　　　　　　　　　　　　　　　　表19-3

隧道名称	隧道长度(m)	隧道照明功率(kW)	涂装方式
丰都隧道左幅	453	9.7	长余辉发光涂料
东坝一号隧道左幅	480	9.1	水泥抹灰砂浆
丰都隧道右幅	485	8.7	白色涂料

依据《细则》，三条隧道内部行车区间可划分为入口段Ⅰ(≥40m)、入口段Ⅱ(≥40m)、过渡段(≥72m)、中间段(≥271m)和出口段Ⅱ(=30m)，每个行车区间的照明功率设计如表19-4所示。三条隧道入口段、过渡段和出口段单位长度的电光照明功率较高，而中间段单位长度的能耗较低，这主要是为了缓解隧道的"黑洞""白洞"效应，提升隧道安全指标并同步提升隧道节能效率。为研究隧道侧壁涂装材料对隧道光环境的影响，电光照明单位长度能耗应保持一致。为此，本研究选取三条隧道的中间段进行地面亮度、墙面亮度和空间眩光测试。

行车区的照明功率　　　　　　　　　　　　　　　　　　　　表19-4

隧道名称	电光照明功率(kW)			
	入口段Ⅰ+入口段Ⅱ	过渡段	中间段	出口段Ⅱ
丰都隧道左幅	5.5	1.7	1.8	0.7
东坝一号隧道左幅	4.5	1.7	2.2	0.7
丰都隧道右幅	4.1	1.7	2.2	0.7

三条隧道中间段涂装完毕后的实际运行现场图如图19-12所示。在电光照明配合下，隧道内光环境尚可，达到一定的空间物体辨识度。从直观来看，长余辉发光涂料和白色涂料空间亮度较高，墙面和地面的对比度明显，有清楚的轮廓分界，层次感较强且画面清晰，而水泥抹灰砂浆墙面的颜色与地面接近，边界轮廓对比划分不明显。为明确隧道内的光环境，采用亮度仪和眩光仪对隧道内地面亮度、墙面亮度及空间眩光值进行测定，测试3个点取平均值，并将三条隧道中间段的亮度值进行对比。

a) 丰都隧道左幅

b) 丰都隧道右幅

c) 东坝一号隧道左幅

图 19-12　隧道实际运行现场图

三种涂装方式下，隧道中间段地面亮度如图 19-13 所示。在长余辉发光涂料涂装下，隧道地面亮度值为 1.76cd/m²；在白色涂料涂装下，隧道地面亮度值为 1.92cd/m²；在水泥抹灰砂浆涂装下，隧道地面亮度值仅为 1.25cd/m²。由于兴义环城高速公路所有隧道照明设计均按照《细则》要求进行，说明长余辉发光涂料和白色涂料涂装隧道侧壁有利于提高地面亮度值，

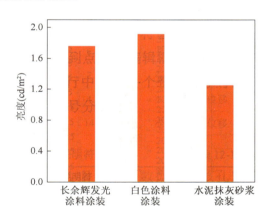

图 19-13　隧道中间段地面亮度

这主要是由于发光涂料和白色涂料均属于浅色涂料，有一定的反射反光效果，进而提升了地面的亮度值。

三种涂装方式下，隧道中间段墙面亮度如图 19-14 所示。在长余辉发光涂料涂装下，隧道墙面亮度值为 31.88cd/m²；在白色涂料涂装下，隧道墙面亮度值为 13.37cd/m²；在水泥抹灰砂浆涂装下，隧道墙面亮度值仅为 4.96cd/m²。水泥抹灰砂浆涂装隧道侧壁亮度值最低，说明暗色涂料吸收了电光照明光线，降低了侧壁墙面的亮度。

将墙面亮度值和地面亮度的比值定义为亮度对比率。从图 19-15 可知，长余辉发光涂料涂装侧壁方式隧道内墙面和地面亮度对比率最高，达 18.11，说明该空间区域内对比度较高，而水泥抹灰砂浆涂装侧壁隧道内墙面和地面亮度对比率最低，仅为 3.96。一般来讲，适当提高黑暗空间内部的对比度，有利于提升视场区域的清晰度，使得人眼更容易辨别出视场区域内的障碍物。结合图 19-12 可知，不同的侧壁材料涂装对隧道空间的亮度对比率有重大影响，水泥抹平砂浆涂装方式使得隧道空间的亮度对比率较低，视场区域内的图像层次感模糊，墙面与地面的边界轮廓较为模糊，而发光涂料和白色涂料使得墙面具有较高的亮度，从而提升了隧道空间的亮度对比率，使得视场整体层次感较强，说明深色涂装不利于隧道墙面和地面的亮度对比率的提升。适当亮度对比率可使地面与墙面的边界清晰，有利于提升隧道安全指标值。

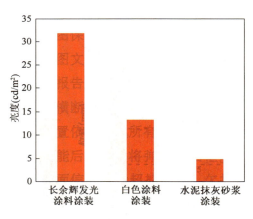

图 19-14　隧道中间段墙面亮度

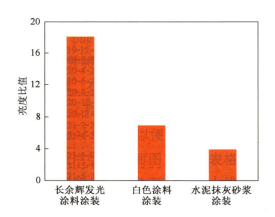

图 19-15　隧道中间段墙面亮度和地面亮度的亮度对比率

隧道侧壁涂装材料对隧道内部行车方向的炫光值的影响如表 19-5 所示。从表 19-5 中可知，长余辉发光涂料涂装时，行车方向炫光值最低，仅为 0.19；白色涂料涂装时，炫光值为 0.57；而普通水泥抹灰砂浆涂装时，炫光值为 2.03。炫光值高主要是由电光照明光源与水泥墙面的亮度变化较大所导致，而白色涂料和长余辉发光涂料在本质上会反射或发出光线，削弱了亮度的剧烈变化。炫光值低可提升隧道内的驾乘人员的舒适感，有利于提升隧道的行车安全指标值。

隧道内部行车方向的炫光值　　　　　　　　表 19-5

隧道名称	涂装方式	炫光值
丰都隧道左幅	长余辉发光涂料	0.19
东坝一号隧道左幅	水泥抹灰砂浆	2.03
丰都隧道右幅	白色涂料	0.57

19.4　效益评价

通过技术的实施，本成果的应用效果如下：

（1）隧道墙面具有疏水自洁净的功能，节约清洗用水与清洗时间，洞内激发灯具间歇开启或采用可调功率激发，大幅提升综合节能减排效果。

（2）隧道墙面具有柔光导视、长延时自发光、无眩光特性，大幅缓解了隧道的"黑洞""白洞"效应，并为逃生救援提供指引，长余辉发光涂料与激发灯的配合使用，能显著提高隧道墙面亮度，降低隧道空间眩光值，且同时满足应急逃生标准对空间亮度值的要求。

（3）测定了白色涂料、长余辉发光涂料和水泥抹灰砂浆三种涂装方式下隧道中间段的地面亮度、墙面亮度和空间眩光值，探讨了侧壁涂装方式对隧道光环境的影响。结果表明，白色涂料和长余辉发光涂料能提升隧道内部墙面亮度和地面亮度，并提升墙面与地面的对比度；水泥抹灰砂浆涂装的墙面隧道墙面间亮度值和地面亮度值均最低，墙面与地面的亮度对比率较低。

参 考 文 献

[1] 吴冰.可持续发展与绿色公路建设[J].科技信息,2008(19):640-641.

[2] 李祝龙,王艳华.绿色公路的建设要点[J].路桥科技,2013(36):207-208.

[3] 海德俊.基于生态和耐久的绿色公路总体设计思想与实践[J].上海公路,2012(2):85-88.

[4] 周伟.低碳公路交通运输体系发展研究[J].交通运输部管理干部学院学报,2013,23(2):8-11.

[5] 黄钢,刘孝康,李朋飞.低碳公路优化设计问题探讨[J].黑龙江交通科技,2011(2):5-6.

[6] 赵先锋.基于低碳理念的公路工程建设关键技术探讨[J].交通节能与环保,2014(1):53-56.

[7] 王晋,吉光,马军.绿色低碳公路评价指标体系与评价方法研究[J].公路,2014(7):356-361.

[8] 秦晓春,沈毅,邵社刚,等.低碳理念下绿色公路建设的减碳技术与应用研究[C]//2011中国环境科学学会学术年会论文集.2011.

[9] 黄裕婕,沈毅,秦晓春.绿色公路定量研究的构思[J].公路交通科技,2010(10):296-299.

[10] 郝建国.建造绿色公路工程[J].交通环保,2003(24):214-216.

[11] 任宁芳.节能减排项目的技术经济评价体系及其优化研究[D].太原:太原理工大学,2011.

[12] 杨战.低碳经济下智能微网投资建设的综合效益评估[J].今日中国论坛,2013(17):132-134.

[13] 范蕾.甩挂运输节能减排效益评估研究[D].武汉:武汉理工大学,2012.

[14] 杨俊利,刘子增,卢兴旺.新农村水电电气化工程节能减排效益评估[J].水电能源科学,2012,30(10):211-213.

[15] 卢海涛,杨文安.高速公路全生命周期能耗统计模型[J].武汉理工大学学报,2011,35(5):1044-1048.

[16] 卢海涛.高速公路全生命周期能耗统计模型研究[D].长沙:长沙理工大

学,2011.

[17] 唐珂.高速公路营运期能耗水平分析与测算方法研究[D].西安:长安大学,2013.

[18] 李海东.节能减排数据统计研究——以广东公路运输行业为例[J].生态经济(学术版),2009(2):43-46.

[19] 叶兵.浅议绿色公路建筑景观设计[J].科技资讯,2010(7):68-69.

[20] 丁京平.绿色公路建设中水土流失量的预测计算[J].公路交通科技(应用技术版),2010(10):383-385.

[21] 肖勇尧,史海波,刘天民.沈阳地区公路建设项目中应用温拌沥青技术节能减排效益分析[J].北方交通,2014(6):3.

[22] 张为民,王梦佳,刘力力,等.北京市电子不停车收费系统综合效益评价[J].公路交通科技,2012,29(7):132-138.

[23] 叶杰文.华蓥山隧道LED照明技术应用及节能效果分析[J].交通节能与环保,2013,9(5):5.

[24] 芦方强,徐凤军,鹿存野.对公路建设项目节能评价问题的探讨[J].交通节能与环保,2013(1):4.

[25] 韩风.西宁市交通运输节能减排方法研究[D].长沙:长沙理工大学,2013.

[26] 宋会,焦双健.全寿命周期公路碳评价系统研究及应用[D].青岛:中国海洋大学,2014.

[27] 杨艳飞.高等级公路绿色施工评价研究[J].黑龙江交通科技,2014,37(2):2.

[28] 熊艳,谢旺祥.高等级公路绿色施工评价模型研究[J].交通科技,2015(1):4.

[29] 尚春静,张智慧.建筑生命周期碳排放核算[J].工程管理学报,2010(1):6.

[30] IPCC 2006.2006年IPCC国家温室气体清单指南[M].日本:全球战略研究所,2006.

[31] 刘亮.基于LCA模型的工程项目碳足迹评估实证研究[D].赣州:江西理工大学,2011.

[32] 聂育仁.碳足迹与节能减排[J].中国材料进展,2010(2):4.

[33] 王爽,张萌.道路工程中的"碳足迹"量化分析[J].科技信息,2012(21):1.

[34] 赵恺彦,吴绍华,蒋费雯,等.高速公路建设和运营的碳足迹研究——以江苏省为例[J].资源科学,2013,35(6):1318-1327.

[35] 潘美萍.基于LCA的高速公路能耗与碳排放计算方法研究及应用[D].广州:华

南理工大学,2011.

[36] 郝千婷,黄明祥,包刚.中国环境管理[J].碳排放核算方法概述与比较研究[J].中国环境管理,2011(4):5.

[37] 龚志起.建筑材料寿命周期中物化环境状况的定量评价研究[D].北京:清华大学,2004.

[38] 郭运功,林逢春,白义琴,等.上海市能源利用碳排放的分解研究[J].环境污染与防治,2009(9):68-81.

[39] 张春霞,章蓓蓓,黄有亮,等.建筑物能源碳排放因子选择方法研究[J].建筑经济,2010(10):106-109.

[40] 谷立静.基于寿命周期评价的中国建筑行业环境影响研究[D].北京:清华大学,2009.

[41] 杨建新,徐成,王如松.产品寿命周期评价方法及应用[M].北京:气象出版社,2002.

[42] 刘顺妮.水泥-混凝土体系环境影响评价及应用研究[D].武汉:武汉理工大学,2002.

[43] 郑莉.路面材料LCA及其信息化开发[D].长沙:长沙理工大学,2007.

[44] 姜金龙,吴玉萍,马军,等.生命周期评价的技术框架及研究进展[J].兰州理工大学学报,2005,31(4):4.

[45] 王寿兵,董辉,王如松,等.中国某轿车寿命周期内能耗和环境排放特性[J].复旦学报(自然科学版),2006,45(3):7.

[46] 蒋正武,陈兵.利用粉煤灰配制自密实混凝土技术研究[J].房材与应用,1999,27(6):6-9.

[47] 吴玉杰,姜国庆.实用型自密实高性能混凝土配制技术[J].混凝土与水泥制品,2000(5):49-50.

[48] 戎君明,程宝坪.高抛免振捣自密实混凝土技术[J].工程力学,2000,1(C00):941-945.

[49] 廉慧珍,张青,张耀凯.国内外自密实高性能混凝土研究及应用现状[J].施工技术,1999,28(5):1-3.

[50] 周履.高性能混凝土与自密实混凝土在日本的发展与应用[J].国外桥梁,1998,(2):69-70.

[51] 吴红娟,李志国.自密实混凝土及其工作性评价[J].武汉工业学院学报,2004,

23(2):68-72.

[52] 王国杰,郑建岚.自密实混凝土与钢筋的粘结锚固性能试验研究[J].福州大学学报(自然科学版),2004,32(3):334-338.

[53] 赵伟,张建欣.粉煤灰在自密实混凝土中的应用[J].粉煤灰综合利用,2004,(2):48.

[54] 范志宏,苏达根,王胜年.自密实混凝土配合比设计方法研究[J].水运工程,2004,(2):11-15.

[55] 张国志,刘秉京,徐长生,等.自密实混凝土在桥梁工程中的应用[J].中国港湾建设,2004,(1):1-5.

[56] 余志武,潘志宏,谢友均,等.浅谈自密实高性能混凝土配合比的计算方法[J].混凝土,2004(1):54-57.

[57] 马中南,高建刚.绿色公路的研究体系探讨[J].公路交通科技:应用技术版,2006.

[58] 中华人民共和国行业标准.公路路基设计规范:JTG D30—2015[S].北京:人民交通出版社股份有限公司,2015.

[59] 范云.填土压实质量检测技术的发展与评析[J].岩土力学,2002,23(4):524-529.

[60] 姚世贵,石名磊,袁龙,等.全石料堆石体物理状态试验评定[J].岩石力学与工程学报,2013,32(2):3370-3377.

[61] 柴贺军,陈谦应,孔祥臣,等.土石混填路基修筑技术研究综述[J].岩土力学,2004,25(6):1005-1010.

[62] 刘丽萍,王东耀.土石混合料压实质量控制方法[J].长安大学学报,2006,26(1):35-37.

[63] 吴跃东,王维春,刘坚,等.砂砾卵石土高速公路路基填筑试验研究[J].岩土力学,2012,33(增1):212-216.

[64] 刘润东.桥梁后锚固节点试验研究及有限元分析[D].沈阳:沈阳工业大学,2017.

[65] 朱海清,李营,Stephens M,等.装配式钢管混凝土柱-盖梁节点抗震性能试验研究[J].土木工程学报,2017(8):33-41.

[66] 布占宇,张旭,叶晗晖,等.预制节段拼装桥墩多节点转动推覆分析方法及试验验证[J].中国公路学报,2017,30(12):258-267.

[67] 卞永明,黄庆峰,桂仲成.计算机控制液压同步提升技术在桥梁竖转施工中的应用[J].公路,2002(10):42-45.

[68] 李跃,罗甲生,郭欣,等.广州新光大桥主跨主拱中段大段整体提升架设[J].中外公路,2006,26(2):110-114.

[69] 高兴泽,范大意,杨仁康.景德镇白鹭大桥钢塔竖向转体施工技术[J].铁道工程学报,2007,24(5):55-62.

[70] 章勇武,马惠民.山区高速公路滑坡与高边坡病害防治技术实践[M].北京:人民交通出版社,2007.

[71] 夏才初.岩石结构面的表面形态特征研究[J].工程地质学报,1996,3(4):71-78.

[72] 张林洪.结构面抗剪强度的一种确定方法[J].岩石力学与工程学报,2001,20(1):114.

[73] 吴洪涛.复杂地质条件下隧道施工方法及其力学分析[J].西部探矿工程,2000.

[74] 刘洪州,黄伦海.连拱隧道设计施工技术研究现状[J].西部探矿工程,2001.

[75] 蒋树屏,黄伦海,宋从军.利用相似模拟方法研究公路隧道施工力学形态[J].岩石力学与工程学报,2002,(21)5:662-666.

[76] 王梦恕.地下工程浅埋暗挖技术通论[M].合肥:安徽教育出版社,2004.

[77] 安刘生.隧道洞口施工地表预加固技术及应用[J].北京工业大学学报,2007,33(3).

[78] 路德富.水平高压旋喷注浆技术在城市浅埋隧道预支护中的应用[J].探矿工程:岩土钻掘工程,2008,(35)2:3.

[79] 来弘鹏,谢永利,杨晓华.地表预注浆加固公路隧道浅埋偏压破碎围岩效果分析[J].岩石力学与工程学报,2008,27(11):7.

[80] 徐华,李天斌,龚习炜,等.铜锣山隧道岩溶浅埋段地表注浆试验研究[J].现代隧道技术,2008.

[81] 杨明举.浅埋偏压隧道地表预加固及施工影响分析[J].公路,2008(10):3.

[82] 本杰明.M.邓.美国桥梁技术近期发展概况[J].世界桥梁,2009(4):1-4.

[83] 夏樟华,邵淑营,葛继平.美国华盛顿州桥梁快速施工技术研究与实践[J].世界桥梁,2017,45(6):4-9.

[84] 严国敏.钢管混凝土组合桥墩高架桥的设计与实施:日本新干线高架桥的快速施工[J].世界桥梁,1999(1):42-44.

[85] 瓦泽姆·德克巴.NCHRP有关震区快速桥梁施工技术的研究[J].西南公路,2015(1):38-41.

[86] 魏明光,李国平.预制装配式空心板梁桥横向连接方式的比较[J].结构工程师,2012,28(5):25-30.

[87] 王勇,刘泽,何开伟.装配化模具在节段预制拼装连续刚构桥中的应用[J].城市轨道交通研究,2018,188(5):122-127.

[88] 陈中治,王敏.山区中小跨径桥梁设计要点[J].中外公路,2013,33(2):180-184.

[89] 苗春波,范亮.可应急使用的钢-混凝土组合桥快速施工技术[J].施工技术,2014,43(23):76-78.

[90] 梁雪垠.地方干线公路桥梁快速更换抢修技术研究[D].北京:北京建筑大学,2016.

[91] 薛新广.悬臂拼装连续钢桁梁快速施工技术[J].国防交通工程与技术,2012,10(4):47-50.

[92] 中华人民共和国地方标准.预制拼装桥墩技术规程:DG/TJ 08—2160—2015[S].上海:同济大学出版社,2015.

[93] 张利铨.桥梁装配式预制技术研究综述[J].华东公路,2015(5):7.

[94] 刘琼,李向民,许清风.预制装配式混凝土结构研究与应用现状[J].施工技术,2014(22):9-14.

[95] 王凤维.基于高效预制装配式施工技术在桥梁方面的应用研究[J].建筑技术开发,2016(6):131-133.

[96] 宋凯,张剑英.预制节段拼装桥墩研究进展[J].城市道桥与防洪,2014(6):282-285.

[97] 王震,王景全.预应力节段预制拼装桥墩抗震性能研究综述[J].建筑科学与工程学报,2016,33(6):88-97.

[98] 吴启和,仇正中,牛照.长大桥梁墩台工厂化预制方案研究[J].施工技术,2014(11):23-27.

[99] 叶华成.上海长江大桥水上非通航孔墩身预制安装技术[J].桥梁建设,2007(5):55-58.

[100] 马会天.装配式桥梁预制空心桥墩安装施工工艺[J].工程与建设,2016,30(2):254-256.

[101] 项贻强,竺盛,赵阳.快速施工桥梁的研究进展[J].中国公路学报,2018,31(12):1-27.

[102] 曹立峰.尖山子隧道洞口施工技术[J].公路交通技术,2004(4):3.

[103] 宋玉毛.环境敏感区大跨径隧道环保型建设技术——老山Ⅱ号隧道"零仰坡"进洞技术[J].铁道标准设计,2007(6):95-96.

[104] 蒋树屏,李建军,谢峰.隧道洞口不同开挖方法的稳定性比较分析[J].隧道建设,2007:16-20.

[105] 胡平,陈超.贯彻环保理念努力实现隧道进洞施"零开挖"[J].隧道建设,2007,27(4):23-25.

[106] 张敏.复杂地质条件下大断面隧道"零"进洞工法技术体系及应用研究[D].成都:成都理工大学,2009.

[107] 曹校勇,史彦文,师伟,等.对隧道"零开挖"进洞方案的再认识[J].中外公路,2009,29(4):390-392.

[108] 王远奇.山区公路隧道单向出洞方式施工技术[J].山西建筑,2016,42(13):189-190.

[109] Persson B. A comparison between mechanical properties of self-compacting concrete and the corresponding properties of normal concrete[J]. Cement and Concrete Research Volume,2001,31(2):193-198.

[110] Persson B. Sulphate resistance of self-compacting concrete[J]. Cement and Concrete Research,2003,33(12):1933-1938.

[111] Corinaldesi V,Moriconi G. Durable fiber reinforced self-compacting concrete[J]. Cement and Concrete Research,2004(2):249-254.

[112] Bui V K,Montgomery D,Hinczak I,et al. Rapid testing method for segregation resistance of self-compacting concrete[J]. Cement and Concrete Research,2002,32(9):1489-1496.

[113] Grünewald Steffen,Walraven J C. Parameter-study on the influence of steel fibers and coarse aggregate content on the fresh properties of self-compacting concrete[J]. Cement and Concrete Research,2001,31(12):1793-1798.

[114] Häkkinen T,Mäkelä K. Enviornment Adaption of Concrete,Environmental Impact of Concrete and Asphalt Pavements[J]. Technical Research Center of Finland Research Notes 1752,1996.

[115] Park K, Hwang Y, Seo S, et al. Quantitative Assessment of Environmental Impacts on Life Cycle of Highways[J]. Journal of Construction Engineering and Management, 2003, 129(1): 25-31.

[116] Huang Y, Bird R, Bell M. A comparative study of the emissions by road maintenance works and the disrupted traffic using life cycle assessment and micro-simulation [J]. Transportation Research Part D: Transport and Environment, 2009, 14(3): 197-204.

[117] Udo de Haes, H. Ed. Towards a methodology for life cycle impact assessment[C] // Society of Environmental Toxicology and Chemistry. Brussels, 1996.

[118] Dorchie P T. The environmental road of the future: Analysis of energy consumption and greenhouse gas emissions[C] // 2008 Annual Conference of the Transportation Association of Canada Toronto. 2008.

[119] Carbon Footprinting on Highway Projects-examples from Norway, Sweden and UK [N]. Case Study 83. 2011, 5.

[120] Sheffi Y. Urban Transportation Networks: Analysiswith Mathematical Programming Method[M]. State of New Jersey: Prentice Hall, 1985.

[121] Culmo M P. AcceleratedBridge Construction, Experienced in Design, Fabrication andErection of Prefabricated Bridge Elements and Systems, Final Manual[J]. Bridge Members, 2011.

[122] Culmo M P. Connection Details for Prefabricated Bridge Elements and Systems [J]. Prefabricated Bridges, 2009.